화분으로 시작해요

우리 집
미니 채소밭

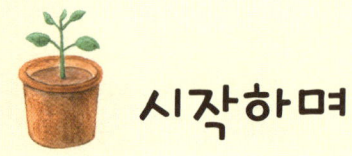
시작하며

채소 키우기,
화분으로 시작하세요

'유기농 채소를 직접 키우고 싶지만, 우리 집에는 채소를 키울 만한 텃밭이 없어서….'
이렇게 말하며 채소 키우기를 포기한 적이 있지 않나요?
그런 당신에게 추천하는 방법이 바로 화분 재배입니다. 화분을 둘 곳만 있다면 어디서든지 간단히 채소를 키울 수 있어요. 위치를 마음대로 옮길 수 있는 것도 화분 재배의 매력입니다. 햇볕 잘 드는 베란다나 주방도 화분 채소 가꾸기에 좋은 장소입니다.

화분에 채소를 키우다 보면 곤란한 일이 생길 때가 있습니다. 벌레가 먹거나 병에 걸리는 것이죠.
'농약이나 화학비료를 쓰는 건 어쩐지 불안한데…. 어떻게 하면 좋을까?'
하나둘 키우다 보면 수확에 대한 욕심도 생깁니다
'열매가 너무 적게 열리고 크기도 작은데, 풍성하게 수확할 수 있는 방법은 없을까?'

벌레나 질병을 완전히 막을 수는 없지만, 대처법이 있습니다. 또 수확량을 늘릴 수 있는 비결도 있습니다. 이 책에서 소개하는 방법대로 따라하기만 한다면 화분에서도 얼마든지 화학비료나 화학농약을 쓰지 않고 채소를 키울 수 있어요.

내 손으로 직접 키운 신선한 유기농 채소로 우리 집 식탁을 가득 채워보세요.
키우는 즐거움, 수확하는 기쁨은 물론, 건강한 식탁을 차리는 행복까지 느낄 수 있을 거예요.
화분에 채소 키우기, 쉬운 채소부터 지금 바로 도전해보세요.

차례

시작하며	2
화분 재배에 꼭 필요한 5가지	6
흙 만들기	8
비료 주기	9
준비해야 할 도구	10
화분 재배 Q & A ㅣ 화분 재배를 할 때 궁금한 점	14

Part 1 화분 재배의 기본

화분 준비하기	16
씨뿌리기	17
솎아내기	18
옮겨심기	19
웃거름 주기	20
그 밖의 관리 방법	21

Part 2 잎채소

상추 24	양상추 26	쑥갓 28
깻잎 30	부추 32	쪽파 34
시금치 36	청경채 38	경수채 40

새싹 채소 키우기 ———— 42

Part 3
열매채소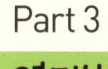

방울토마토 44	오이 46	가지 48
피망 50	애호박 52	단호박 54
딸기 56	풋콩 58	줄기콩 60

🌱 화분 재배 Q & A | 무더위와 한파 대처법 ——— 62

Part 4
뿌리채소

당근 64	래디시 66	무 68
감자 70	우엉 72	생강 74

🌱 화분 재배 Q & A | 태풍·강풍 대처법 ——— 76

Part 5
허브

바질 78	타임 80	캐모마일 82	민트 84

🌱 허브 즐기기 ——————————— 86
　질병 예방하기 | 해충 관리하기 | 천연농약 만들기 — 88

시작하기 전에 알아둘 것들

화분 재배에 꼭 필요한 5가지

화분

소형, 중형, 대형, 원형(대형) 등 크게 4종류의 화분으로 나눌 수 있다. 키우는 채소에 적합한 화분을 고른다.

햇빛

화분 재배는 손쉽게 옮길 수 있다는 장점이 있다. 계절에 따라 햇빛 비추는 곳이 변하기 때문에 키우는 채소에 맞춰서 화분 두는 장소를 바꾼다.

물

화분 재배는 흙이 담긴 공간이 한정되어 있기 때문에 물을 주어도 바로 마른다. 매일매일 물을 준다.

채소가 잘 자라려면 햇빛과 양분 등이 필요하다. 특히 화분에 키우는 채소는 이러한 것들을 관심 있게 챙겨줘야 한다. 채소를 화분에서 잘 키우기 위해 꼭 필요한 5가지 핵심 요소를 기억해두자. 좋아하는 환경을 만들어주면 건강하게 쑥쑥 자라고 수확량도 늘어난다.

흙·비료

흙과 비료는 채소의 성장을 돕는 데 중요한 역할을 한다. 각각의 채소에 적합한 흙과 비료를 필요한 시기에 준다.

통풍

화분 속은 뜨거워지기 쉬우므로 통풍이 잘 되는 곳에 화분을 둔다. 통풍이 안 되면 병충해가 생기고, 채소가 자라는 데도 악영향을 미친다.

흙 만들기

화분 재배는 처음의 흙 만들기가 중요하다.
시판되는 배양토를 쓰는 방법 외에 직접 만들어 쓰는 방법이 있다.

모든 채소를 키울 수 있는 흙

흙을 직접 만들 경우, 씨뿌리기 2~3주 전에 화분 재배용 흙 1L에 적옥토, 퇴비, 부엽토, 왕겨숯 등 4종류의 흙과 유기농 석회비료 6g을 섞어놓는다. 일주일 뒤에 이 흙에 밑거름 비료를 준다.

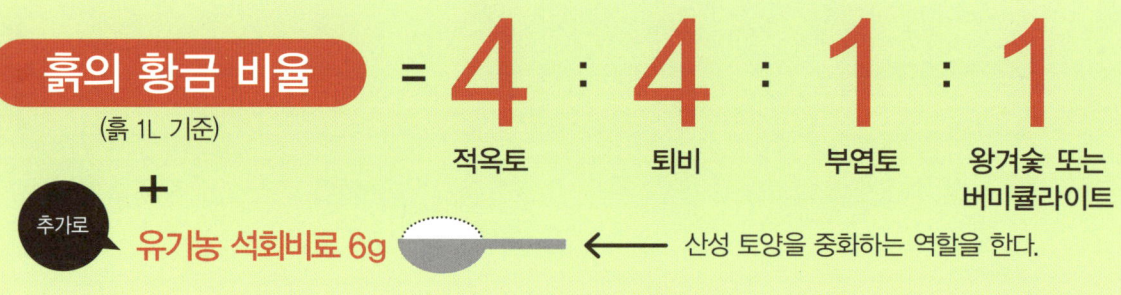

흙의 황금 비율 (흙 1L 기준) = **4 : 4 : 1 : 1**
적옥토 : 퇴비 : 부엽토 : 왕겨숯 또는 버미큘라이트

추가로 + 유기농 석회비료 6g ← 산성 토양을 중화하는 역할을 한다.

* 이 책에 나오는 모든 채소는 위의 비율로 만든 흙에서 키운다.

적옥토
화산재가 풍화된 롬층의 적토를 구슬 모양으로 만든 것이다. 크고 작은 알갱이의 틈새로 배수가 잘된다.

왕겨숯 (또는 버미큘라이트)
벼의 껍질인 왕겨를 탄화시킨 것이다. 알칼리 성분으로 채소의 성장을 돕는다. 통기성과 보수성이 우수하고 비료도 잘 유지시킨다.

부엽토
활엽수의 잎이나 가지 등이 부패, 분해되어 생긴 흙이다. 영양분이 많고 흙을 부풀게 하며 배수성이 좋다.

퇴비
낙엽이나 짚, 쇠똥 등의 유기물을 미생물이 분해하고 발효시킨 것이다. 퇴비를 넣으면 흙이 푹신푹신해지고 배수가 잘된다. 집에서도 만들 수는 있으나 발효되는 데 시간이 걸리고 냄새도 나기 때문에 시판되는 퇴비를 사는 것이 무난하다.

시판되는 배양토를 사용하는 경우

채소를 처음 키우는 사람에게는 시판되는 배양토를 추천한다. 배양토의 종류가 많으므로 '유기농 재배용'이라고 적혀있는 것을 고른다. 시판되는 배양토에는 영양소가 이미 충분히 들어있기 때문에 씨를 뿌리기 전에 밑거름을 줄 필요가 없다.

비료 주기

채소를 키우기 위해서는 영양이 꼭 필요하다.
집에서 채소를 키울 때는 유기질 비료를 사용한다.

🌱 유기질 비료란?

채소는 흙에서 영양분을 흡수하기 때문에 흙 만들기는 채소 재배에 꼭 필요하다. 유기농·무농약 채소를 키울 때 동물성 비료와 식물성 비료를 쓰는데, 이것을 모두 합해서 유기질 비료라고 부른다.

주요 유기질 비료

퇴비
통기성이 좋고, 비료를 잘 유지시킨다.

발효계분
영양 3요소가 골고루 들어있다.

깻묵
질소가 충분하며, 잎채소에 좋다.

쌀겨
인산이 충분히 들어있고, 다른 영양소도 있다.

P 인산 주로 꽃을 피우고, 열매의 생육을 돕는다. 열매채소에 반드시 필요하다.

N 질소 주로 잎과 줄기의 성장을 돕는다. 잎채소에 효과적인 영양소다.

영양 3요소

K 칼륨 주로 뿌리의 성장을 돕는다. 뿌리채소에 효과적인 영양소다.

🌱 밑거름과 웃거름

밑거름 씨앗을 뿌리거나 모종을 심기 전, 땅에 주는 비료를 밑거름이라고 한다. 밑거름은 채소의 초기 성장을 돕기 때문에 씨를 뿌리기 1~2주 전에 준다. 영양분이 전체적으로 고루 미칠 수 있도록 밑거름을 주었다면 일주일 동안 그대로 둔다. 시판되는 배양토를 사용할 경우에는 밑거름을 줄 필요가 없다.

웃거름 매일 주는 물 때문에 흘러가버리는 비료를 보충하는 것을 웃거름이라고 한다. 유기농·무농약 채소의 웃거름으로는 발효비료를 추천한다(p.20 참고). 2주에 한 번 100g을 목표량으로 정하고 채소의 생육에 맞춰서 준다. 웃거름은 채소를 잘 자라게 할 뿐 아니라 오랫동안 수확할 수 있게 하는 역할도 한다.

준비해야 할 도구

화분 재배에 반드시 필요한 도구부터 있으면 좋은 원예용품까지 다양한 도구들을 소개한다.
채소 키우기에 도전한다면 도구부터 미리 준비하자.

화분 크기 고르기

화분의 재질은 플라스틱부터 도기까지 다양하다. 키울 채소의 크기에 맞춰서 화분을 고른다.

소형	중형	대형	원형(대형)
작은 크기의 잎채소, 허브	잎채소, 래디시 등	크게 자라는 열매·뿌리채소	큰 채소 한 그루를 심는 경우
깊이 15~20cm	깊이 20cm 이상	깊이 30cm 이상	깊이 30cm 이상
용량 10L 이하	용량 15L	용량 25L 이상	용량 20L 이상

편리한 화분

고정용 구멍이 있는 화분
화분 옆면에 구멍이 있어서 지지대에 고정하기 쉽다. 지지대가 필요한 채소를 키우는 데 제격이다.

걸이 화분
화분을 놓을 만한 장소가 없을 때 활용하기 좋다. 문이나 철망에 간단하게 걸 수 있다.

방충망이 달린 화분
방충망이 한 세트로 구성된 화분. 지지대를 세울 수 있는 구멍이 있어서 간편하게 설치할 수 있다.

갖추어야 할 도구

씨 뿌릴 때

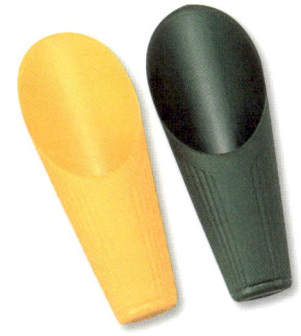
흙 담는 도구
흙을 많이 담고 싶을 때 편리하다.

화분
플라스틱으로 된 화분이 일반적이지만 토기나 원목으로 만든 천연 화분도 있다.

삽·모종삽
종류와 색이 다양하다. 쓰기 편한 것을 고른다.

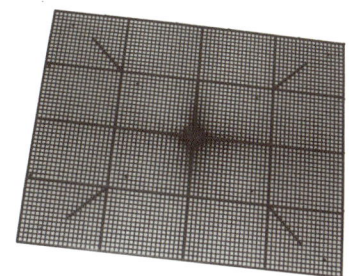
깔망
흙이 빠져나가는 것을 막기 위해 화분 바닥에 깐다. 필요한 크기로 잘라서 쓴다.

마사토(또는 돌)
배수가 잘되게 하기 위해 화분 바닥에 깐다.

유기 배양토
직접 준비하는 것이 번거롭다면 시판되는 제품을 사용한다.

손질할 때

원예가위
솎아내기나 수확, 순지르기를 할 때 사용한다. 보통 가위보다 날이 얇고 짧은 것이 특징이다.

지지대·그물망
지지대가 필요한 채소나 덩굴 채소를 키울 때 필요하다.

마 끈
채소를 지지대로 유인할 때 필요하다.

장갑
세탁할 수 있는 가죽 제품이 편리하다. 두꺼워서 작업할 때 안전하다.

물줄 때

물뿌리개
소재와 크기가 다양하다. 평소에 사용하기 편한 것을 고른다.

물주전자
채소의 뿌리 부분이나 정확한 위치에 물을 줘야 할 때 사용한다.

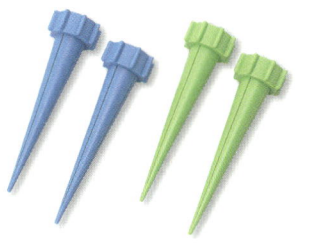

급수 캡
페트병에 뚜껑 대신 끼워 화분에 거꾸로 꽂아둔다. 장기간 물을 주지 못할 때 편리하다.

팻말
씨앗의 종류와 심은 날짜 등을 적어두면 언제라도 한눈에 알 수 있다. 장식용으로 사용하기도 한다.

분무기
채소에 적은 양의 물을 골고루 분무할 때나 천연농약을 뿌릴 때 사용한다.

있으면 편한 도구

옮겨심기용 시트
시트를 밑에 깔고 옮겨 심으면 흙이 흐트러져도 지저분해지지 않고 편하다.

원예용 신발
더러워져도 상관없는 원예 전용 신발이 있다면 매일 하는 화분 손질도 즐거워질 것이다.

화분 재배를 할 때 궁금한 점

집에서 채소를 키우면 어떤 점이 좋은지, 키울 때는 어떤 점에 주의해야 할지 궁금한 것들이 많아요. 집에서 키운 채소의 장점과 화분 재배의 기본에 대해 알아볼까요?

Q 유기농·무농약 채소가 무엇인가요?

A 유기농·무농약 채소란 화학비료나 화학적으로 합성된 농약을 쓰지 않고 재배한 채소를 가리킵니다. 우선 유기물로만 된 흙을 쓰는 것이 특징입니다. 비료도 화학비료를 쓰지 않고 닭똥이나 깻묵, 쌀겨 같은 유기농 비료를 씁니다. 채소를 수확할 때까지 유기물을 잘 사용해서 키운다면 그것이 바로 유기농·무농약 채소라고 할 수 있습니다. 화분에서 유기농·무농약 채소 키우기에 도전해보는 것도 좋을 것입니다.

Q 집에서 키운 채소의 장점은 무엇일까요?

A 집에서 키운 채소의 가장 큰 장점은 안전하다는 점입니다. 농약이나 화학비료를 써서 재배한 채소는 아무리 안전하다고 해도 먹을 때 불안감이 드는 게 사실이죠. 집에서 채소를 키우면 농약이나 화학비료를 쓰지 않고도 맛있는 채소를 먹을 수 있습니다. 게다가 환경을 오염시키지도 않습니다. 조금 번거로울 수는 있으나 안심하고 맛있는 채소를 먹을 수 있다는 점이 집에서 채소를 키우는 가장 큰 매력이라고 할 수 있습니다.

Q 화분에 채소를 키울 때 주의해야 할 점을 알려주세요

A 화분 재배의 포인트는 크게 두 가지로 나뉩니다. 첫 번째는 물주기입니다. 화분 재배는 흙이 마르기 쉽기 때문에 매일매일 물을 줘야 합니다. 두 번째 포인트는 웃거름 주기입니다. 매일 물을 주다 보면 비료가 화분에서 빠져나갑니다. 그렇기 때문에 추가로 영양분을 줘야 합니다. 채소의 특성에 따라 관리 방법은 조금씩 다르지만, 일단 기본을 확실히 익혀야 합니다. 그리고 무엇보다 두 가지 중요한 점, 물주기와 웃거름 주기를 명심해야 합니다.

PART 1
화분 재배의 기본

채소 키우기가 처음인 사람도 쉽게 이해할 수 있도록
화분 재배의 기초 지식을 자세히 알려준다. 기본을 알면
수확량도 늘어나고 키우는 즐거움도 커진다. 싱싱한 채소를
날마다 먹는 방법, 채소 키우기에 도전해보자.

화분 준비하기 ········· p.16
씨뿌리기 ············ p.17
솎아내기 ············ p.18
옮겨심기 ············ p.19
웃거름 주기 ·········· p.20
그 밖의 관리 방법 ······· p.21

화분 준비하기

화분 준비는 밭을 가는 것과 마찬가지다. 순서에 따라 씨 뿌릴 준비를 한다.

화분 고르기

화분은 재배할 채소와 놓는 장소에 맞춰 고른다. 작은 화분은 허브나 래디시를 키우기에 적합하고, 크기가 크고 깊이가 깊은 화분은 감자 같은 뿌리채소를 키우기에 적합하다.

바닥에 깔망·돌 깔기

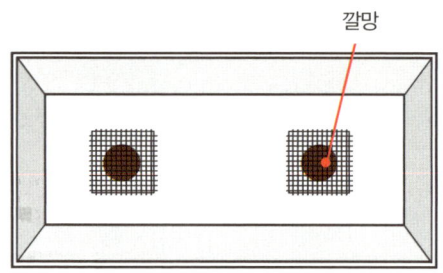
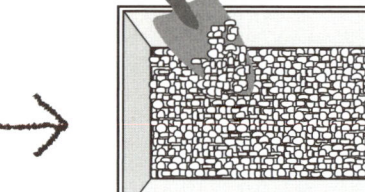

화분 바닥 구멍에 깔망을 깐다. 흙이 빠져나가거나 벌레가 들어오는 것을 막을 수 있다. 화분 바닥이 그물 모양일 경우에는 따로 깔망을 깔 필요가 없다.

배수가 잘되도록 화분 바닥에 돌이나 마사토를 깐다. 입자가 굵은 흙을 깔아도 된다. 바닥이 보이지 않을 정도로 고르게 채운다.

원예용 흙 담기

원예용 흙은 직접 배합한 흙(p.8 참고)이나 시판되는 배양토를 사용한다. 화분의 옆면을 두드리면서 흙을 고르게 담는다. 평소 물을 줄 때 흙이나 물이 넘치지 않도록 화분 윗부분을 2cm 정도 남겨 놓는 것이 포인트다. 마지막에 흙 표면을 평평하게 고르면 준비 완료. 흙을 직접 배합해서 밑거름을 줄 때는 화분 속에서 재료를 잘 섞어 일주일 정도 둔다.

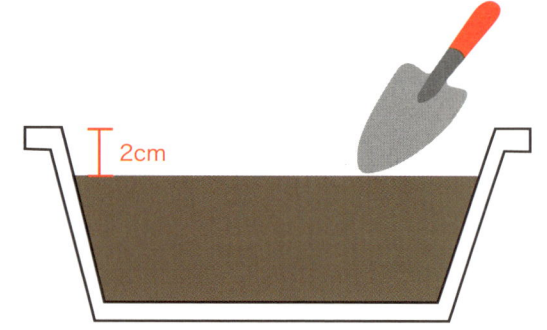

씨뿌리기

씨뿌리기는 재배할 채소의 종류나 성장에 맞는 다양한 방법이 있다. 기본적인 방법을 익혀둔다.

줄뿌림

씨앗의 크기가 작거나 속아내기를 하면서 키우는 채소는 줄뿌림으로 씨를 뿌리는 것이 적합하다. 포기가 옆으로 퍼져서 공간을 많이 차지하는 것은 도랑을 한 줄만 파고, 모아서 키우는 것이 나은 채소는 도랑을 2줄 판다. 특히 잎채소는 줄뿌림이 기본이다.

1 막대기 등으로 흙에 깊이 0.5~1cm 정도의 도랑을 판다. 도랑을 2줄 만들 때는 10~15cm의 간격을 둔다.

2 씨앗이 겹치지 않도록 1cm 정도의 간격을 두어 뿌린다. 한 줄로 줄을 맞춰 뿌리기 때문에 속아내기가 편하다.

3 손가락 끝으로 도랑 가장자리의 흙을 가볍게 덮는다. 빛이 필요한 호광성 종자는 흙을 살짝 덮어야 한다.

점뿌림

씨앗이 크거나 포기 사이에 간격이 필요한 채소에 적합한 방법이다.

화분뿌림

옮겨심기를 할 경우, 모종을 키우는 화분에 씨앗을 뿌리는 방법이다.

유리병의 바닥 등으로 깊이가 1cm 정도 되는 구멍을 만들고, 씨앗이 겹치지 않도록 뿌린다.

몇 개씩 씨앗을 뿌리고, 싹이 나면 생육이 좋은 싹만 남기고 속아내기를 한다.

좋은 씨앗을 고르는 방법

씨앗 봉투에 적혀있는 재배 시기와 발아율, 재배할 수 있는 환경을 확인한다. 씨앗을 뿌리기 전에 씨앗의 상태도 살펴본다. 모양이나 색이 다른 것, 물에 넣어서 떠오르는 씨앗은 죽은 것이거나 상태가 좋지 못한 것이므로 뿌리지 않는다.

POINT

씨앗을 뿌린 뒤에는 물을 듬뿍 준다. 이때 물을 세게 주면 씨앗이 떠내려갈 수 있으니 주의한다. 씨앗이 발아할 때까지는 흙이 마르지 않도록 화분을 두는 곳이나 물주는 시간을 고려해 관리한다.

솎아내기

좋은 포기를 남기기 위해서는 솎아내기 작업이 중요하다. 채소의 종류나 생육에 맞춰 솎아내기를 한다.

솎아내기의 장점

싹이 작을 때는 모아서 키우던 것도 건강하게 잘 자라게 하려면 나쁜 싹을 솎아낼 필요가 있다. 이것이 솎아내기다. 포기 사이에 충분한 간격을 두어 통풍이 잘되게 하고 충분한 빛을 받게 한다. 그렇게 하면 비료가 부족해지는 것도 막을 수 있다. 솎아낸 잎채소는 먹을 수 있으므로 나물을 무치는 등 요리에 쓴다.

솎아내기 전  솎아낸 후

3단계 솎아내기

발아 직후

발아 직후에 나온 싹끼리 붙지 않도록 간격이 3cm 정도 되게 솎아내기를 한다.

본잎이 2~3장 나왔을 때

두 번째는 간격이 6cm 정도 되게 솎아내기를 한다. 뽑아내는 포기의 뿌리 부분을 누르면서 천천히 뽑아낸다.

본잎이 4장 나왔을 때

세 번째는 간격이 12cm 정도 되게 솎아내기를 한다. 두 번째 이후의 솎아내기는 생육 상태를 살펴보면서 한다.

(예: 무)

솎아내기 순서

1 솎아내기

생육 상태가 나쁜 것이나 모양이 안 좋은 것을 솎아낸다. 적당한 시기에 알맞은 간격을 두어 솎아낸다.

솎아낼 것
- 생육 상태가 나쁜 것
- 모양이 나쁜 것
- 색이 나쁜 것
- 벌레 먹은 것

2 북주기

솎아내기를 하면 뿌리 부분의 흙이 불안정한 상태가 된다. 남은 포기가 잘 자라고 넘어지지 않도록 주변의 흙을 가볍게 누르면서 정돈한다.

3 웃거름 주기·물주기

솎아내기를 2번 한 다음에는 자라는 모습을 보면서 웃거름을 준다. 솎아내기→북주기(→웃거름 주기)를 한 뒤에 물을 듬뿍 준다.

옮겨심기

화분의 크기나 채소가 자란 후 포기의 간격 등을 고려해 옮겨심기를 한다.

옮겨심기의 순서
옮겨 심는 시기를 정확히 확인한다. 옮겨심기는 날씨가 맑고 바람 없는 날에 한다.

1 한쪽 손으로 줄기를 잡고 화분을 거꾸로 든다. 화분 바닥 구멍에 손가락을 넣고 모종이 망가지지 않게 밀어서 꺼낸다.

2 분형근(뿌리와 그 주변의 흙덩어리)과 같은 크기의 구멍에 모종을 옮겨 심는다.

3 옮겨 심은 뒤에는 모종 주변에 흙을 덮고 주변 흙과 같은 높이가 되도록 정돈한다.

바른 옮겨심기와 잘못된 옮겨심기

○ 흙의 높이를 같게 맞춘다. 분형근 위로 흙이 조금 올라오는 정도로 한다.

× 분형근이 흙 위로 올라오게 심거나 너무 깊게 심으면 안 된다.

좋은 모종을 고르는 방법

열매채소 등은 씨앗부터 키우기보다 모종을 옮겨 심어서 재배하는 것이 더 쉽다. 모종을 고를 때는 병충해의 피해를 받은 것이나 뿌리가 약한 것은 피한다. 떡잎이 튼튼한 것, 마디의 간격이 촘촘한 것, 잎의 색이 진하고 건강한 모종을 고른다.

 **POINT** 옮겨심기 전에 모종의 분형근 높이를 확인한다. 적당한 간격을 두어 구멍을 파고 물을 넣는다. 물이 다 스며들면 모종을 옮겨 심는다.

웃거름 주기

화분 재배는 물을 줄 때 비료가 흘러가버리기 쉽기 때문에 웃거름을 주는 것이 중요하다. 기본 방법을 확실히 익혀둔다.

웃거름 주기의 순서

채소가 잘 자라게 하고 오랫동안 수확하기 위해서는 웃거름을 주어야 한다. 웃거름으로 발효비료를 뿌릴 것을 추천한다.

1 채소가 자라기 시작하면 2주에 한 번 발효비료 100g을 포기가 다치지 않도록 화분 전체에 뿌린다.

2 웃거름을 준 뒤에는 포기의 뿌리 주변에 흙을 덮고 북주기를 한다. 뿌리가 확실히 자리잡아야 영양소가 잘 흡수된다.

> 웃거름은 보통 2주에 한 번 주는 것이 좋다. 화분 구석구석에 빠짐없이 발효비료를 뿌린 후 포기 주변의 흙으로 북주기를 한다.

발효비료란?

발효비료란 유기질 비료를 발효시킨 비료를 말한다. 계분, 생선찌꺼기, 깻묵, 쌀겨 등으로 만든다. 계분은 달걀껍질의 흰 막을 벗겨내고 곱게 빻아서 만든다.

발효비료 만들기에 도전!

발효비료는 시간이 걸리고 악취가 나기 때문에 집에서 만들 때는 반드시 뚜껑 달린 통에 넣어 발효시킨다.

1 계분 : 흙 : 왕겨 : 쌀겨
   4 : 3 : 2 : 1 의 비율로 잘 섞어서 물을 55~60%(재료와 거의 같은 양) 더한다.
2 매일 위아래를 뒤집으면서 이틀 정도 발효시킨다.
3 1개월 정도 지나 암모니아 냄새가 사라지고 완전히 마르면 완성이다. 완성된 비료를 주머니에 담아서 보관한다.

시판하는 발효비료를 이용한다

발효비료는 많은 양을 만들어 놓으면 편하지만 직접 만들기가 쉽지 않다. 그럴 때는 시판하는 제품을 이용한다.

그 밖의 관리 방법

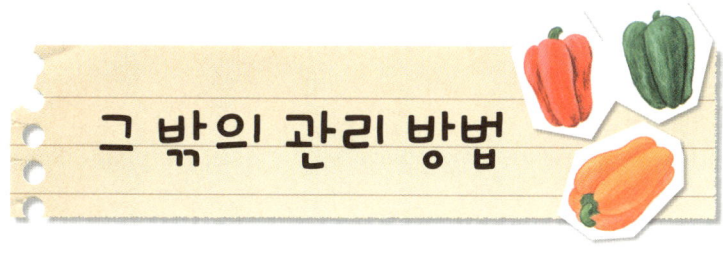

채소를 잘 키우려면 평소의 관리가 중요하다. 기본 관리 방법을 익혀서 수확량을 늘려보자.

지지대 세우기·유인하기

열매채소는 여러 개의 줄기가 겹쳐서 구부러지거나 바람에 부러지지 않도록 지지대를 세운다. 지지대에 줄기나 덩굴을 연결하는 것을 '유인'이라고 한다.

1 채소에서 조금 떨어진 곳에 지지대를 세운다. 채소의 크기가 작을 때는 임시 지지대를 세우는 것이 좋다.

2 마 끈으로 채소를 지지대에 8자 모양으로 여러 번 감아서 묶는다. 이때 너무 세게 묶지 않도록 주의한다.

3 오이나 방울토마토 등은 지지대를 3개 세우고 위에서 하나로 묶는다. 임시 지지대는 그대로 둔다. 빼내면 채소가 밖으로 쓰러지거나 상할 위험이 있다.

POINT 줄기나 덩굴을 지지대에 바짝 묶으면 그 부분이 상하거나 강풍으로 쓰러질 뿐 아니라 잘 자라지도 못한다. 반드시 8자 모양으로 느슨하게 여러 번 묶어 유휴공간을 만들고 간격을 둔다.

순지르기

원가지의 끝부분이나 곁순을 잘라내어 남은 싹의 성장을 촉진하는 것이다. 웃자람을 막고 영양분을 집중시켜 열매의 품질이 높아진다.

원가지 순지르기

채소의 끝부분을 잘라내어 성장을 멈추게 하는 방법이다. 끝부분을 잘라내면 다른 싹이 생기고 수확량도 늘어난다.

곁순 순지르기

줄기에 생겨난 곁순을 따내서 영양분을 원가지에 집중시키는 방법이다. 사이사이 공간이 넓어져 햇빛도 잘 들고 통풍도 잘된다.

물주기

화분이라는 제한된 공간에서 채소를 키울 때 물주기는 매우 중요한 작업이다. 겉흙이 마르면 화분 밑으로 물이 흘러나올 때까지 충분히 물을 준다. 다만, 건조한 환경을 좋아하는 채소도 있으니 사전에 확인한다.

계절에 맞춰 물주기
기후를 보고 하루에 한 번 아침에 물을 준다.

한여름에 물주기
대낮에 물을 주면 금세 마르거나 땅속 온도가 올라가 채소나 허브가 약해진다. 아침이나 저녁에 한 번 또는 아침과 저녁 2번 물을 준다.

한겨울에 물주기
저녁 시간에 물을 주면 밤사이에 얼어버리는 경우가 있다. 하루에 한 번, 기온이 가장 높은 한낮에 물을 준다.

수확하기

채소의 종류에 따라 수확 시기나 수확 방법이 다르다. 각각의 특성을 이해하고 적당한 시기에 수확한다. 오랫동안 수확하려면 수확한 뒤에 웃거름을 주는 것이 좋다.

잎채소
지나치게 자라면 맛이 떨어지므로 자주 수확한다. 뽑기 힘들 때는 뿌리 부분을 가위로 자른다.

열매채소
처음에 열린 열매는 포기가 다치지 않도록 작을 때 수확한다. 이처럼 어린 열매부터 따기 시작한다.

뿌리채소
뿌리와 줄기의 크기를 보고 수확한다. 뿌리 부분을 잡고 천천히 뽑아낸다. 수확 시기가 늦어지면 뿌리가 너무 커져 상할 수 있으니 주의한다.

허브
생육 능력이 왕성하기 때문에 부지런히 수확해서 통풍이 잘 되게 한다. 수확할 싹과 남겨놓을 싹의 균형을 생각하며 수확한다.

PART 2
잎채소

채소를 처음 키우는 사람에게는
잎채소를 추천한다. 씨뿌리기부터 수확까지
누구나 쉽게 키울 수 있어 실패가 적다.
영양가가 높고 단기간에 키울 수 있는 것도
잎채소의 매력이다.

상추 · · · · · · · · · · · · · · p.24
양상추 · · · · · · · · · · · · · p.26
쑥갓 · · · · · · · · · · · · · · p.28
깻잎 · · · · · · · · · · · · · · p.30
부추 · · · · · · · · · · · · · · p.32
쪽파 · · · · · · · · · · · · · · p.34
시금치 · · · · · · · · · · · · · p.36
청경채 · · · · · · · · · · · · · p.38
경수채 · · · · · · · · · · · · · p.40

매일매일 수확하는 채소
상추

더위와 추위에 비교적 강한 상추는 초보자가 재배하기에 안성맞춤이다. 서늘한 기후를 좋아하므로 한여름에 재배하는 것은 피한다. 주로 쌈을 싸거나 겉절이를 만들어 먹는다.

재배 정보

- **과명** 국화과
- **재배 적정 온도** 15~20℃

| 1 | 2 | 3 | 4 | 5 | 6 | 7 | 8 | 9 | 10 | 11 | 12 |

- 🟩 씨뿌리기 — 3월 중순~4월 하순 / 8월 중순~9월 하순
- 🟧 수확 — 5월 중순~7월 초순 / 10월 중순~12월 초순

재배 장소
햇빛이 잘 드는 장소가 적합하다.
단, 밤에는 불빛이 전혀 없는 어두운 곳에 둔다.

물주기
겉흙이 마르면 물을 충분히 준다. 너무 건조하거나 습하지 않게 한다.

화분
중형

주의해야 할 질병
균핵병

주의해야 할 해충
진딧물, 야도충

꼭 기억하세요!
필요할 때마다 한 장씩 수확할 수 있습니다. 웃거름 주기와 북 주기도 잊지 마세요.

흙 준비하기

 1단계 토양 개량

시기
씨뿌리기 2~3주 전

흙 1L당 적옥토 40%, 퇴비 40%, 부엽토 10%, 왕겨숯 10%, 유기 석회비료 6g을 잘 섞는다.

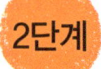 **2단계** 밑거름 주기

시기
씨뿌리기 1~2주 전

토양 개량 작업이 끝나면 흙에 영양을 주기 위해 밑거름을 준다. 깻묵, 발효계분을 잘 섞어서 준비한다.

배합(흙 1L 기준)
- 깻묵 ············ 40~50g
- 발효계분 ········ 80~100g

키우는 방법

씨뿌리기
바닥이 평평한 컵으로 겉흙에 깊이 0.5~1cm 정도 되는 구멍을 20cm 간격으로 3개 만든다. 한 구멍에 씨앗을 7개씩 뿌린다.

흙덮기
흙을 살짝 덮은 뒤 손으로 가볍게 누른다. 이때 흙을 두껍게 덮지 않도록 주의한다.

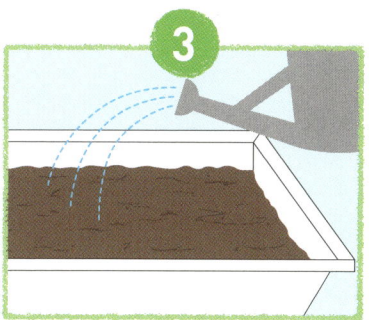

물주기
발아할 때까지 흙이 마르지 않도록 물을 충분히 주고 서늘한 장소에 둔다.

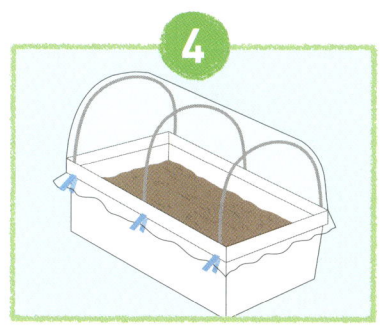

한랭사 씌우기
진딧물이 생기기 때문에 한랭사(흰색이나 검은색의 얇고 성근 그물 천)나 방충망을 씌워 재배하는 방법을 추천한다.

솎아내기(1회)
떡잎이 나오면 상태가 좋은 포기 3개를 남겨놓는다. 성장이 느린 포기나 변형, 변색된 포기는 솎아내고 북주기를 한다.

솎아내기(2, 3회)
본잎이 2~3장 나오면 포기를 2개만 남기고 솎아내기를 한다. 그 후 본잎이 5~6장 나오면 한 개만 남겨놓고 솎아낸다.

웃거름 주기
두 번째 솎아내기를 한 뒤 발효비료 100g을 화분에 넣고 가볍게 북주기를 한다.

POINT

수확하기
키가 25cm 정도로 자라면 수확한다. 뿌리 부분을 잘라낸다.

수확에는 두 가지 방법이 있다. 포기째 수확하는 방법과 바깥쪽 잎부터 한 장씩 따는 방법이다. 필요한 만큼만 따서 쓴다면 오랫동안 수확할 수 있다.

샐러드에 안성맞춤, 상큼한 채소
양상추

재배 기간이 짧고 더위와 추위에 강해서 키우기 쉬운 채소다. 카로틴, 비타민 C, 미네랄 등과 같은 영양소도 풍부하다.

재배 정보

| 과명 | 국화과 | 재배 적정 온도 | 15~20℃ |

씨뿌리기: 3월 중순~4월 하순 / 8월 중순~9월 중순
수확: 5월 하순~7월 초순 / 10월 중순~11월 하순

재배 장소: 씨를 뿌린 뒤 발아하기 전까지 신문지를 덮어놓으면 좋다. 서늘한 장소에 둔다.

물주기: 수분이 많이 필요한 채소다. 흙이 마르지 않도록 주의한다.

화분: 중형

주의해야 할 질병: 균핵병

주의해야 할 해충: 진딧물, 야도충

꼭 기억하세요!
포기째 수확해도 되고 바깥쪽 잎부터 한 장씩 따도 된다. 물은 충분히 주고, 웃거름 주기와 북주기도 잊지 않는다.

흙 준비하기

 **1단계** — 토양 개량

시기: 씨뿌리기 2~3주 전

흙 1L당 적옥토 40%, 퇴비 40%, 부엽토 10%, 왕겨숯 10%, 유기 석회비료 6g을 잘 섞는다.

 2단계 — 밑거름 주기

시기: 씨뿌리기 1~2주 전

토양 개량 작업이 끝나면 흙에 영양을 주기 위해 밑거름을 준다. 깻묵, 발효계분을 잘 섞어서 준비한다.

배합(흙 1L 기준)
- 깻묵 ············ 40~50g
- 발효계분 ········ 80~100g

키우는 방법

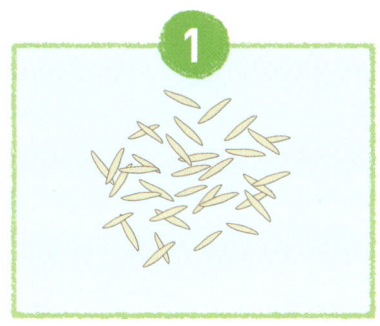

씨앗 준비하기
씨앗은 봄(3~4월)이나 가을(8~9월)에 뿌린다. 서늘한 곳에서 더 잘 자라므로 가을에 씨뿌리기를 추천한다.

씨뿌리기
20cm 간격으로 깊이 0.5~1cm의 구멍을 3개 만든다. 한 개의 구멍에 5~6개의 씨앗을 뿌리고 흙을 살짝 덮는다.

발아와 솎아내기
씨를 뿌린 지 10일 정도 되면 발아한다. 잎이 4~5장이 되면 한 곳에 잎이 큰 것 한 포기씩만 남긴다.

웃거름 주기
발아한 지 2주 뒤, 발효비료 100g을 화분에 넣고 가볍게 북주기를 한다.

물주기
양상추는 수분이 필요한 채소이므로 수분이 부족하지 않도록 주의한다. 흙이 마르지 않게 물을 충분히 준다.

수확 시작하기
잎이 7~8장이 되면 가운데 잎이 안쪽으로 조금 말리면서 둥근 모양이 된다. 이 모양이 되었을 때 수확을 시작한다.

바깥 잎부터 수확하기
포기 아래쪽 바깥 잎 3~4장을 수확한다. 잎을 따도 다시 잎이 돋아난다.

포기째 수확하기
포기가 커지면 밑동을 잘라낸다. 이때 잘린 면에서 하얀 액체가 나오는데 이 액체가 잎에 묻지 않도록 주의한다.

알아두세요 — 재배상식

양상추는 기온이 높으면 발아하기 어렵다. 가을에 씨를 뿌릴 경우에는 씨앗을 젖은 천으로 감싸서 하루 정도 냉장고에 넣어 차갑게 만든다. 그렇게 해서 씨를 뿌리면 쉽게 발아된다. 이것을 '발아 씨뿌리기'라고 한다.

향긋해서 입맛을 돋우는 채소
쑥갓

긴 시간을 투자하지 않고 건강하게 키울 수 있으며 수확량도 많다. 1년 내내 키울 수 있지만 봄부터 가을에 걸쳐 키우는 것이 좋다. 데치거나 생으로 나물을 해 먹거나, 쌈을 싸 먹어도 좋다.

재배 정보

과명 국화과 **재배 적정 온도** 15~20℃

| 1 | 2 | 3 | 4 | 5 | 6 | 7 | 8 | 9 | 10 | 11 | 12 |

■ 씨뿌리기
3월 하순~5월 중순
8월 하순~9월 하순

■ 수확
5월 중순~7월 초순
10월 초순~12월 중순

재배 장소
발아할 때까지 마르지 않도록 하고, 통풍이 잘 되는 곳에 둔다.

물주기
겉흙이 마르면 물을 충분히 준다.

화분
중형

주의해야 할 질병
노균병

주의해야 할 해충
진드기, 굴파리

꼭 기억하세요!
쑥갓의 씨앗은 빛에 의해 발아가 촉진되는 호광성 종자에 속한다. 씨를 뿌린 다음 흙을 살짝 덮어주도록 한다.

흙 준비하기

 1단계 토양 개량

시기
씨뿌리기 2~3주 전

흙 1L당 적옥토 40%, 퇴비 40%, 부엽토 10%, 왕겨숯 10%, 유기 석회비료 6g을 잘 섞는다.

 2단계 밑거름 주기

시기
씨뿌리기 1~2주 전

토양 개량 작업이 끝나면 흙에 영양을 주기 위해 밑거름을 준다. 깻묵, 발효계분을 잘 섞어서 준비한다.

배합(흙 1L 기준)
깻묵 ·············· 40~50g
발효계분 ·········· 80~100g

키우는 방법

씨뿌리기
10~15cm 간격으로 고랑을 2줄 만들고, 씨앗이 겹치지 않도록 1cm 간격으로 뿌린다.

흙덮기
빛을 좋아하는 종자(호광성 종자)이므로 씨앗에 햇빛이 비치게 한다. 흙을 씨앗이 살짝 가려질 정도로 가볍게 덮는다.

발아와 솎아내기(1회)
씨를 뿌리고 일주일 정도 지나면 발아한다. 본잎이 1~2장 나오면 간격이 3cm 정도 되도록 솎아내기를 한다.

솎아내고(2회) 웃거름 주기
본잎이 3~4장이 되면 간격이 6cm 정도 되도록 솎아내기를 한 뒤, 발효비료 100g을 화분에 넣고 가볍게 북주기를 한다.

솎아내며 수확하기
키가 8~10cm가 되면 간격이 15~20cm 되도록 솎아내며 수확을 한 뒤, 발효비료 100g을 화분에 넣고 가볍게 북주기를 한다.

수확하기
키가 20cm 정도 되면 뿌리 부분을 가위로 자르거나 어린 순을 손으로 딴다.

POINT

계속해서 순을 따내면서 오랫동안 수확할 수 있다. 손으로 꺾어서 따면 된다.

알아두세요 — 재배상식
쑥갓은 카로틴, 비타민 C, 칼슘, 철분이 풍부한 영양만점 채소다. 쑥갓의 향은 식욕을 돋우고 위를 진정시키는 효과가 있다.

독특한 향이 좋은 향신 채소
깻잎

비타민 C, 카로틴, 칼슘 등이 풍부한 채소로 특유의 향이 입맛을 돋운다. 나물, 쌈 등 다양한 요리에 쓰인다.

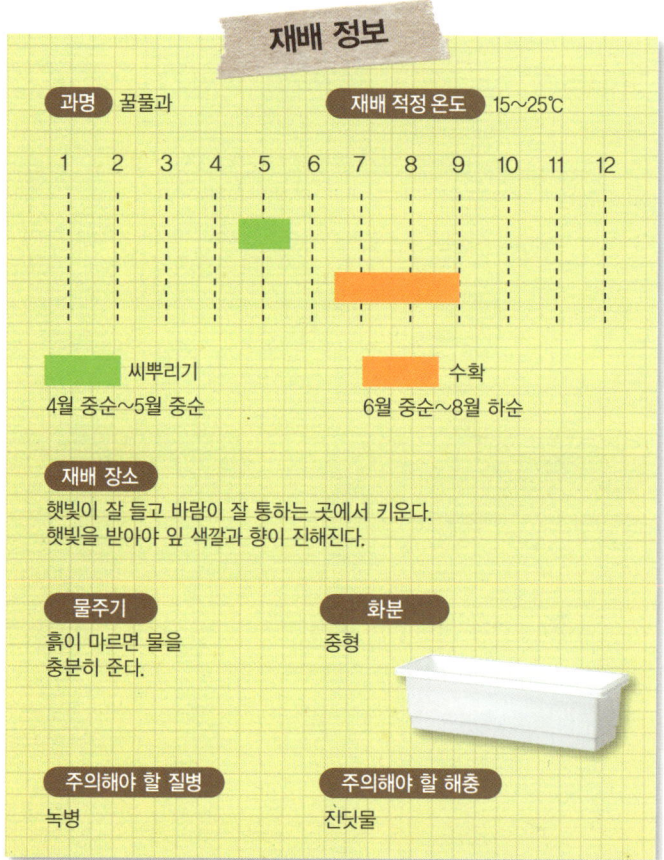

꼭 기억하세요!
잎이 커지고 완전히 펴지면 수확한다. 새순을 두 번 정도 잘라주면 수확량이 늘어난다.

흙 준비하기

 1단계 토양 개량

시기
씨뿌리기 2~3주 전

흙 1L당 적옥토 40%, 퇴비 40%, 부엽토 10%, 왕겨숯 10%, 유기 석회비료 6g을 잘 섞는다.

 **2단계 밑거름 주기**

시기
씨뿌리기 1~2주 전

토양 개량 작업이 끝나면 흙에 영양을 주기 위해 밑거름을 준다. 깻묵, 발효계분을 잘 섞어서 준비한다.

배합(흙 1L 기준)
깻묵 ·················· 40~50g
발효계분 ············ 80~100g

키우는 방법

씨뿌리기
깊이가 0.5cm 정도 되는 도랑을 한 줄 만든다. 씨앗을 줄뿌림(p.17 참고) 하고 흙을 살짝 덮는다.

솎아내기(1회)
발아하면 싹과 싹 사이의 간격이 3cm 정도 되도록 솎아내기를 한다.

솎아내기(2회)
키가 5~6cm가 되면 간격이 6cm 정도 되도록 솎아내기를 한다.

웃거름 주기
본잎이 7~8장 나면 발효비료 100g을 화분에 넣고 가볍게 북주기를 한다.

POINT

2주에 한 번 웃거름을 주세요. 웃거름을 주면 오랫동안 수확할 수 있습니다.

솎아내기(3회)
키가 10cm 이상 되면 간격이 20cm 정도 되도록 솎아내기를 한다.

수확하기
본잎이 5~6장 나면 수확할 수 있다. 크기가 크고 완전히 펴진 잎을 딴다.

알아두세요 재배상식

항상 신선한 잎을 수확하기 위해서는 한 번에 많이 따지 말아야 한다. 위쪽 잎 2~4장을 남기고 아래쪽 큰 잎부터 차례로 딴다.

체력을 길러주고, 잘 자라는 건강 채소
부추

부추는 한번 심으면 여러 해 수확할 수 있는 생명력 강한 채소로, 카로틴과 미네랄 등이 풍부하다. 혈액순환에 좋고 몸을 따뜻하게 하는 자양강장 효과도 있다.

재배 정보

| 과명 | 백합과 | | 재배 적정 온도 | 약 20℃ |

| 1 | 2 | 3 | 4 | 5 | 6 | 7 | 8 | 9 | 10 | 11 | 12 |

■ 씨뿌리기 : 3월 중순~5월 중순

■ 수확
첫해 : 7월 초순~10월 중순
이듬해부터 : 5월 초순~10월 중순

재배 장소
약간 서늘하고 시원한 곳에서 키운다.

물주기
흙이 건조하면 잎이 마른다. 건조해지기 전에 물을 충분히 준다.

화분
중형

주의해야 할 질병
녹병

주의해야 할 해충
총채벌레, 진딧물

꼭 기억하세요!
수확하기와 웃거름 주기를 반복하면 3~4년 동안 수확할 수 있다. 첫해는 많은 수확을 기대하기보다는 기르는 데 신경쓰는 것이 좋다.

흙 준비하기

 **1단계 토양 개량**

시기
씨뿌리기 2~3주 전

흙 1L당 적옥토 40%, 퇴비 40%, 부엽토 10%, 왕겨숯 10%, 유기 석회비료 6g을 잘 섞는다.

 **2단계 밑거름 주기**

시기
씨뿌리기 1~2주 전

토양 개량 작업이 끝나면 흙에 영양을 주기 위해 밑거름을 준다. 깻묵, 발효계분을 잘 섞어서 준비한다.

배합(흙 1L 기준)
깻묵 ·················· 40~50g
발효계분 ·········· 80~100g

키우는 방법

씨뿌리기
10cm 간격으로 깊이 0.5~1cm 정도의 구멍을 3개 만든다. 한 구멍에 5~6개의 씨앗을 뿌린다.

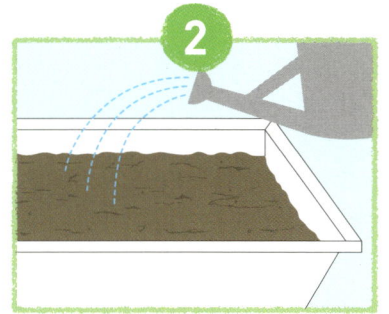

흙 덮고 물주기
흙을 살짝 덮고 물을 충분히 준다. 약 10일 정도 지나면 발아한다.

솎아내기
잎이 무성한 부분은 작은 포기를 중심으로 뽑아낸다. 잎과 잎이 겹치지 않게 한다.

웃거름 주기
키가 15cm 정도 되면 발효비료 100g을 화분에 넣고 가볍게 북주기를 한다.

임시 수확하기
키가 25~30cm 정도 되면 임시 수확을 한다. 밑동을 3~4cm 남기고 가위로 자른다.

수확하기
잎이 다시 자라고, 다시 자란 새순의 키가 20cm 정도 되면 수확한다. 밑동을 3~4cm 남겨놓고 잘라낸다.

POINT

수확 후 관리하기
수확 후에도 같은 방법으로 웃거름을 준다. 가을에 꽃대가 나오면 잘라낸다.

수확이 끝나면 흙이 가려질 정도로 퇴비를 준다. 이것을 '감사비료'라고 하며, 다음 해의 수확을 위해 비료를 주는 작업이다.

알아두세요 재배상식

부추는 오랫동안 수확할 수 있는 채소지만, 여러 해 동안 재배하다 보면 잎이 가늘어지는 경우가 있다. 이럴 때는 포기를 파내서 옮겨 심는다. 포기가 다시 굵어지고 수확량도 늘어난다.

여러 번 수확하는 성장 빠른 채소
쪽파

쪽파는 2개월 만에 키울 수 있고, 여러 번 수확할 수 있어 화분에서 키우기에 적합하다. 양념, 나물 등 다양한 요리에 쓰인다.

재배 정보

| 과명 | 백합과 | 재배 적정 온도 | 15~20℃ |

| 1 | 2 | 3 | 4 | 5 | 6 | 7 | 8 | 9 | 10 | 11 | 12 |

■ 씨뿌리기: 7월 중순~9월 중순

■ 수확: 첫해 : 10월 초순~12월 중순
이듬해부터 : 4월 초순~5월 중순

재배 장소
서늘한 기후를 좋아하기 때문에 약간 그늘진 곳에서 키운다.

물주기
흙이 마르면 물을 듬뿍 준다.
흙이 마를 때까지는 물을 주지 않아도 된다.

화분
중형

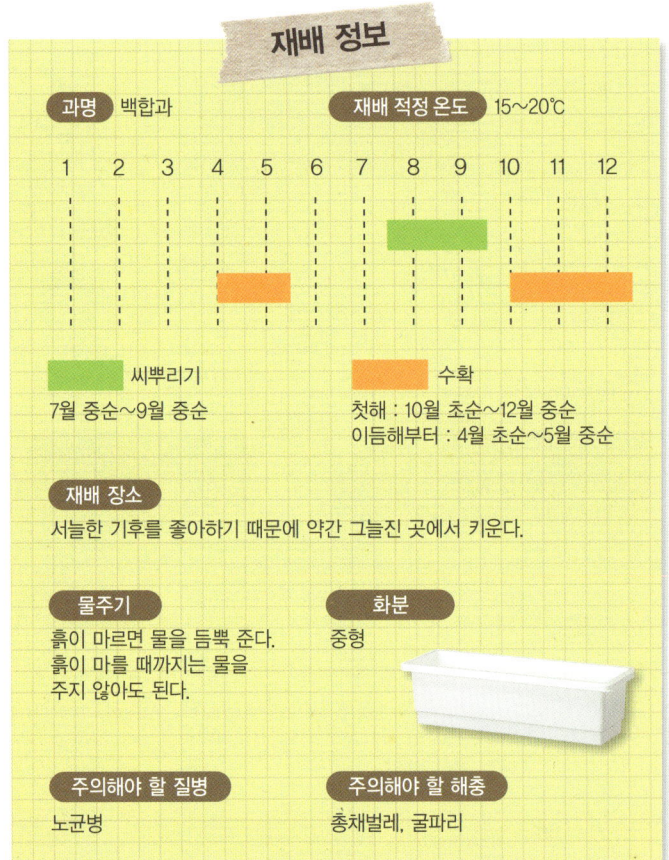

주의해야 할 질병
노균병

주의해야 할 해충
총채벌레, 굴파리

꼭 기억하세요!
한 구멍에 구근을 2개씩 심으면 많은 수확량을 기대할 수 있다. 웃거름을 주는 것도 잊지 말아야 한다.

흙 준비하기

 1단계 토양 개량

시기
씨뿌리기 2~3주 전

흙 1L당 적옥토 40%, 퇴비 40%, 부엽토 10%, 왕겨숯 10%, 유기 석회비료 6g을 잘 섞는다.

 2단계 밑거름 주기

시기
씨뿌리기 1~2주 전

토양 개량 작업이 끝나면 흙에 영양을 주기 위해 밑거름을 준다. 깻묵, 발효계분을 잘 섞어서 준비한다.

배합(흙 1L 기준)
깻묵 ················· 40~50g
발효계분 ············ 80~100g

키우는 방법

구근 준비하기
씨앗이 아니라 구근을 준비한다. 화분에 지름과 깊이가 3cm 정도 되는 구멍을 10cm 간격으로 판다.

구근 심기
구근을 싹이 나오는 쪽을 위로 하여 한 구멍에 2개씩 심는다. 싹이 나오는 부분이 상하지 않도록 주의한다.

흙덮기
구근의 끝부분이 살짝 보일 정도로 흙을 덮고 손바닥으로 누른다.

발아와 물주기
구근을 심고 2~3주 뒤면 싹이 나온다. 발아할 때까지 시간이 걸리기 때문에 땅이 마르지 않도록 부지런히 물을 준다.

손질하기
물을 주다가 흙이 흐트러졌을 경우에는 뿌리 주변으로 북주기를 한다.

웃거름 주기
키가 10~15cm가 되면 발효비료 100g을 화분에 넣고 가볍게 북주기를 한다.

수확하기
키가 20~30cm가 되면 수확할 수 있다. 포기의 밑동을 3~4cm 남겨놓고 가위로 잘라낸다.

POINT

수확하고 웃거름 주기
20~30일 만에 다시 싹이 돋아난다. 계속 수확할 수 있으니 웃거름을 준다.

> 수확할 때는 밑동을 3~4cm 남겨놓고 가위로 잘라낸다. 그런 다음 웃거름을 주면 여러 번 다시 자란다.

영양이 풍부한 대표 녹황색 채소
시금치

시금치는 비타민과 철분 등이 풍부한 영양가 높은 채소다. 추위에 강하고 더위와 습기에는 약해 서늘한 기후에서 잘 자란다.

재배 정보

| 과명 | 명아주과 | 재배 적정 온도 | 15~20℃ |

| 1 | 2 | 3 | 4 | 5 | 6 | 7 | 8 | 9 | 10 | 11 | 12 |

■ 씨뿌리기
3월 중순~5월 중순
9월 초순~10월 하순

■ 수확
4월 하순~6월 중순
10월 초순~12월 하순

재배 장소
더위에 약하기 때문에 서늘한 곳에서 키운다.

물주기
흙이 마르지 않게 한다. 흙 표면이 마르면 물을 충분히 준다.

화분
중형

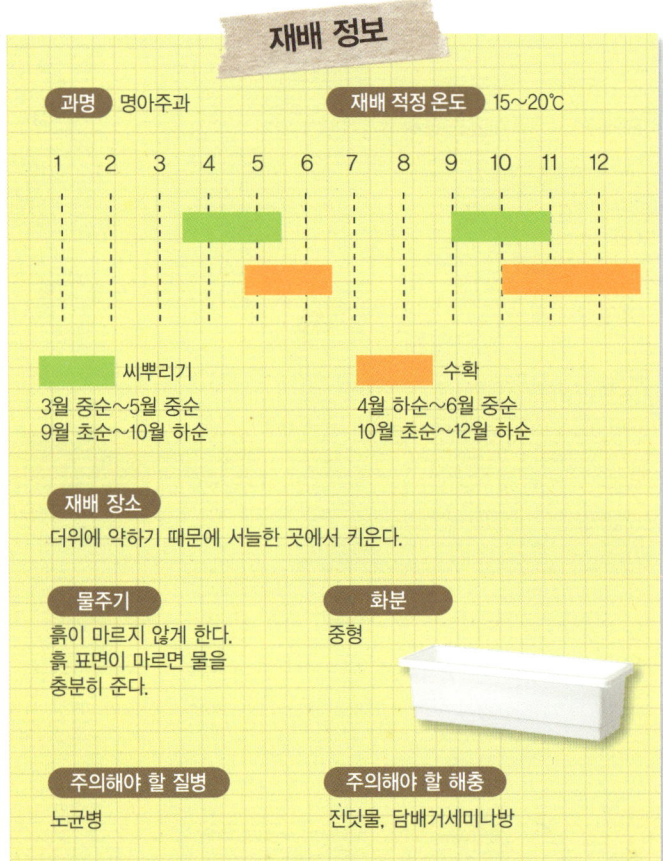

주의해야 할 질병
노균병

주의해야 할 해충
진딧물, 담배거세미나방

꼭 기억하세요!
솎아내기는 보통 간격이 3~4cm 되게 한다. 웃거름을 주는 것도 잊지 말 것. 시금치는 더위에 약하기 때문에 여름에는 밤에 켜는 등의 불빛도 차단해야 한다.

흙 준비하기

 1단계 토양 개량

시기 — 씨뿌리기 2~3주 전

흙 1L당 적옥토 40%, 퇴비 40%, 부엽토 10%, 왕겨숯 10%, 유기 석회비료 6g을 잘 섞는다.

 2단계 밑거름 주기

시기 — 씨뿌리기 1~2주 전

토양 개량 작업이 끝나면 흙에 영양을 주기 위해 밑거름을 준다. 깻묵, 발효계분을 잘 섞어서 준비한다.

배합(흙 1L 기준)
깻묵 ·············· 40~50g
발효계분 ·········· 80~100g

키우는 방법

씨뿌리기
10~15cm 간격으로 도랑을 2줄 만들고, 1cm 간격으로 씨앗을 한 개씩 뿌린다.

흙덮기
흙을 덮고 손바닥으로 가볍게 누른 뒤 물을 듬뿍 준다. 흙의 두께는 씨앗 크기의 약 3배가 되도록 한다.

발아와 물주기
씨를 뿌린 지 4~5일이 지나면 발아하기 시작하고, 약 일주일이 지나면 발아 상태가 정돈된다. 흙이 마르면 부지런히 물을 준다.

POINT

솎아내기
상태가 안 좋은 것이나 싹이 무성한 것 등은 포기 간격이 3~4cm가 되도록 솎아내고 북주기를 한다.

> 솎아내기를 제대로 하지 않으면 각각의 포기가 제대로 크지 않는다. 크기가 작은 것이나 모양이 좋지 못한 것, 병충해의 피해를 입은 것은 솎아내기를 한다.

웃거름 주기(1회)
씨를 뿌리고 3주 뒤에 발효비료 100g을 화분 전체에 뿌리고 가볍게 북주기를 한다.

솎아내며 수확하기
본잎이 4~5장이 될 때까지 부지런히 솎아내기를 한다. 솎아낸 시금치는 요리에 쓴다.

웃거름 주기(2회)
키가 8~10cm 정도 자라면 5번과 같은 방법으로 웃거름을 준다. 햇빛을 제대로 비춰주며 자라기를 기다린다.

수확하기
키가 20cm 정도 자랐을 때 수확한다. 뿌리 부분을 잘라낸다.

두루두루 쓰임새 많은 채소
청경채

건강하게 키우기 쉽고 비타민 C, 철분, 식이섬유가 풍부해서 인기 만점이다. 볶음, 찜 등 여러 요리에 두루두루 쓸 수 있다.

재배 정보

과명 십자화과 **재배 적정 온도** 15~20℃

| 1 | 2 | 3 | 4 | 5 | 6 | 7 | 8 | 9 | 10 | 11 | 12 |

■ 씨뿌리기
4월 초순~5월 하순
9월 초순~10월 중순

■ 수확
5월 하순~7월 하순
10월 하순~12월 하순

재배 장소
햇빛이 잘 드는 곳에서 키운다.

물주기
흙 표면이 마르면 물을 충분히 준다.

화분
중형

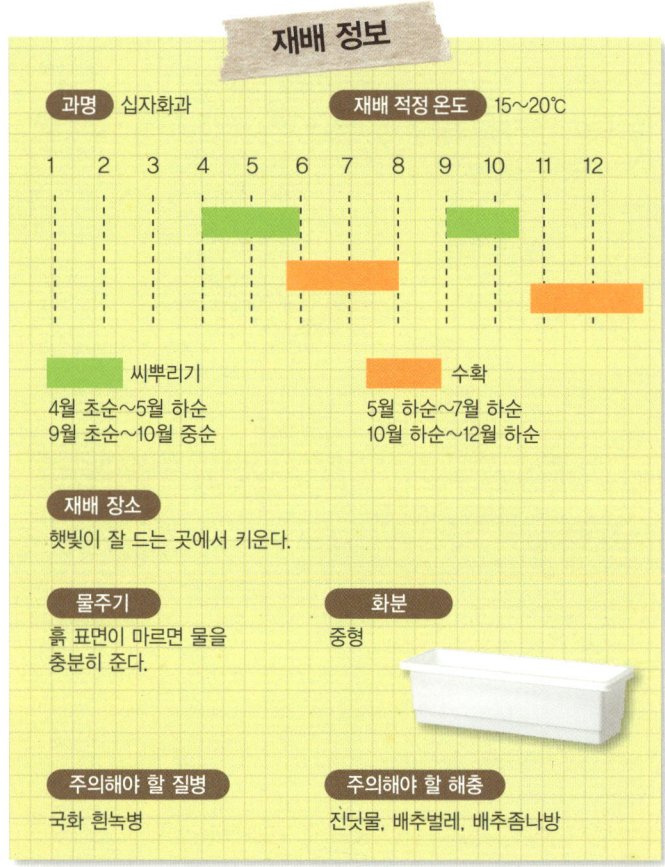

주의해야 할 질병
국화 흰녹병

주의해야 할 해충
진딧물, 배추벌레, 배추좀나방

꼭 기억하세요!
성장 단계에 맞춰 솎아내기를 3번 한다. 두 번째와 세 번째 솎아내기를 한 뒤에는 웃거름을 준다.

흙 준비하기

1단계 토양 개량

시기: 씨뿌리기 2~3주 전

흙 1L당 적옥토 40%, 퇴비 40%, 부엽토 10%, 왕겨숯 10%, 유기 석회비료 6g을 잘 섞는다.

2단계 밑거름 주기

시기: 씨뿌리기 1~2주 전

토양 개량 작업이 끝나면 흙에 영양을 주기 위해 밑거름을 준다. 깻묵, 발효계분을 잘 섞어서 준비한다.

배합(흙 1L 기준)
깻묵 ·············· 40~50g
발효계분 ·········· 80~100g

키우는 방법

씨뿌리기
10~15cm 간격으로 도랑을 2줄 만들고 씨앗을 하나씩 심는다.

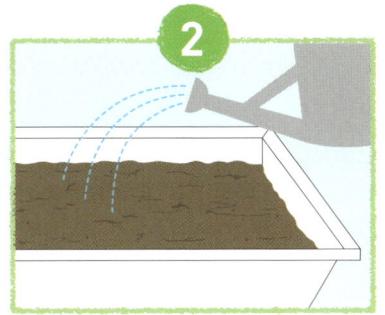

물주기
흙을 살짝 덮고 물을 충분히 준다.

솎아내기(1회)
본잎이 1~2장 나오면 포기의 간격이 3cm 정도 되도록 솎아내기를 한다.

솎아내기(2회)
본잎이 4~5장이 되었을 때 간격이 6cm 정도 되도록 솎아내기를 한다.

웃거름 주기
두 번째 솎아내기가 끝나면 발효비료 100g을 화분에 넣고 가볍게 북주기를 한다.

POINT

솎아내기(3회)
밑동이 둥글게 부풀어 오르면 수확을 겸한 마지막 솎아내기를 한다. 한 곳에 한 포기를 남기고 솎아낸 뒤 웃거름을 준다.

> 밑동이 둥글게 부풀어 오르면 뿌리가 확실히 붙어있다는 증거다. 뿌리째 뽑지 말고 밑동 부분에서 가위로 잘라낸다.

수확하기
키가 15~20cm가 되면 수확한다. 포기를 가위로 잘라낸다.

알아두세요 — 재배상식

청경채는 고온에 강한 채소지만 여름에 재배하면 줄기가 웃자라게 되어 모양이 망가지는 경우가 있다. 이것은 고온이 원인이므로 빛을 가려주거나 서늘한 곳으로 옮기면 문제를 해결할 수 있다.

아삭아삭, 신선한 맛
경수채

아삭채라고도 불리는 경수채는 일본요리에 자주 쓰이는 채소다. 질감이 아삭아삭하고 신선한 맛이 좋아 샐러드나 전골 등에 넣으면 맛있다.

재배 정보

| 과명 | 유채과 | 재배 적정 온도 | 15~20℃ |

| 1 | 2 | 3 | 4 | 5 | 6 | 7 | 8 | 9 | 10 | 11 | 12 |

- 씨뿌리기: 3월 하순~10월 중순
- 수확: 5월 초순~12월 초순

재배 장소
햇빛이 잘 드는 곳에서 키운다. 실내에서 키워도 된다.

물주기
물을 많이 흡수하기 때문에 흙이 마르지 않도록 물을 충분히 준다.

화분
중형

주의해야 할 질병
연부병

주의해야 할 해충
진딧물, 배추벌레, 배추좀나방

꼭 기억하세요!
솎아내기는 간격이 3cm 정도 되게 한다. 방충망을 씌우면 병충해를 막을 수 있다. 수확은 되도록 빨리 하는 것이 좋다.

흙 준비하기

1단계 토양 개량

시기: 씨뿌리기 2~3주 전

흙 1L당 적옥토 40%, 퇴비 40%, 부엽토 10%, 왕겨숯 10%, 유기 석회비료 6g을 잘 섞는다.

2단계 밑거름 주기

시기: 씨뿌리기 1~2주 전

토양 개량 작업이 끝나면 흙에 영양을 주기 위해 밑거름을 준다. 깻묵, 발효계분을 잘 섞어서 준비한다.

배합(흙 1L 기준)
- 깻묵 ···················· 40~50g
- 발효계분 ············· 80~100g

키우는 방법

1. 씨뿌리기
10~15cm 간격으로 도랑을 2줄 만들고, 1cm 간격으로 씨앗을 한 개씩 심는다.

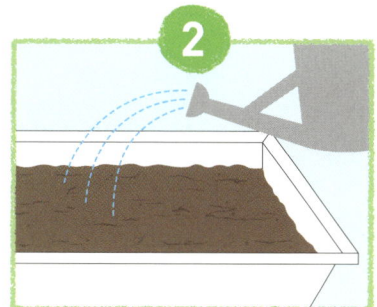

2. 흙 덮고 물주기
흙을 가볍게 덮고 흙 표면을 고르게 한 뒤 물을 듬뿍 준다.

POINT

3. 발아와 솎아내기
씨를 뿌리고 3~4일이 지나면 발아한다. 떡잎이 피면 간격이 3cm 정도 되게 솎아내기를 한다.

> 본잎이 2장 정도 나오기 시작하면 간격이 3~4cm 되도록 부지런히 솎아내기를 한다. 수확은 포기가 작을 때(25cm 정도) 하는 것이 좋다.

4. 북주기
솎아내기를 한 뒤 포기가 흔들리지 않도록 북주기를 한다.

5. 웃거름 주기
씨를 뿌리고 2~3주 뒤에 발효비료 100g을 화분에 뿌리고 가볍게 북주기를 한다.

알아두세요 재배상식

경수채는 겨울에도 수확할 수 있지만 서리를 맞으면 잎이 상하게 되니 각별한 주의가 필요하다. 아침과 밤에는 실내로 옮기거나 비닐을 씌워서 한파로부터 보호한다.

6. 솎아내며 수확하기
키가 20cm 정도 되면 솎아내기를 하듯이 뿌리 부분을 가위로 자르거나 어린 순을 손으로 딴다.

7. 수확하기
키가 25cm 정도 되면 수확한다. 뿌리 부분을 가위로 잘라낸다.

키우기 쉽고 영양도 만점!

새싹 채소 키우기

새싹 채소는 흙에 심지 않고 물이나 하이드로볼(구슬 모양으로 구운 흙)만으로 키웁니다. 번거롭지 않게 영양가 높은 채소를 키울 수 있고, 넓은 공간이 필요하지 않아 부엌에서도 간단히 채소밭을 만들어 즐길 수 있습니다.

🌱 빛이 필요한 새싹 채소

무순
대표적인 새싹 채소. 샐러드는 물론 비빔밥 등 다양한 요리에 넣어 먹는다.

적채 싹
색이 선명해서 예쁘고, 비타민 U가 많이 들어 있다. 위 건강에 좋은 새싹 채소다.

키우는 방법
1. 화분 바닥에 스펀지나 면, 거즈 등 방수성이 있는 것을 깐다. 물을 조금 적시고 씨앗을 빈틈없이 뿌린다.
2. 발아할 때까지는 알루미늄 포일 등을 덮어 빛을 차단한다.
3. 마흙이 마르지 않도록 아침, 저녁으로 분무기로 물을 준다. 발아 온도는 18~20℃. 이틀 정도면 발아한다.
4. 발아한 뒤 쌍떡잎이 보이면 빛이 드는 곳으로 옮겨 빛을 쬐어준다.
5. 수확할 때까지 아침, 저녁으로 물을 준다. 단기간에 수확할 수 있다는 점이 매력이다.

🌱 빛이 필요 없는 새싹 채소

콩 싹
콩나물은 대두를 발아시킨 것으로, 볕이 안 드는 곳에서 키운다. 햇볕을 쬐면 대두가 녹색이 되면서 발아해 콩 싹이 된다. 단백질이나 비타민, 칼륨 등이 풍부하며, 다양한 요리에 쓸 수 있다. 비슷한 종류로 알팔파가 있다.

키우는 방법
1. 병에 콩을 넣고 4~5배 정도의 물을 붓는다. 거즈로 덮고 고무줄로 고정한다.
2. 물을 매일 갈아준다. 거즈 뚜껑을 씌운 채로 병을 거꾸로 들어 물을 버리고 병을 2~3번 헹궈낸 뒤 물을 다시 넣는다.
3. 알루미늄 포일로 감싸 빛을 차단한다. 발아 온도는 18~22℃. 이틀이면 발아한다. 7~10일 정도 지나면 병이 가득 찰 정도로 자라난다.

PART 3
열매채소

열매채소는 다른 채소에 비해 키우기가
조금 어려운 편이어서 채소 재배의 경험이 있는
사람에게 적당하다. 초보자라면 씨앗보다
모종부터 키우는 방법을 추천한다.

방울토마토 · · · · · · · · · · · · p.44
오이 · · · · · · · · · · · · · · · · p.46
가지 · · · · · · · · · · · · · · · · p.48
피망 · · · · · · · · · · · · · · · · p.50
애호박 · · · · · · · · · · · · · · p.52
단호박 · · · · · · · · · · · · · · p.54
딸기 · · · · · · · · · · · · · · · · p.56
풋콩 · · · · · · · · · · · · · · · · p.58
줄기콩 · · · · · · · · · · · · · · p.60

생으로도 먹고 요리에도 넣는 인기 채소
방울토마토

비타민, 미네랄 등이 풍부한 영양 만점 채소다. 생으로 먹기도 하고, 수프나 파스타 등 요리에도 다양하게 쓰인다. 키우기 쉽고 건강하게 잘 자라기 때문에 집에서 키우기 좋다.

재배 정보

- 과명: 가짓과
- 재배 적정 온도: 24~26℃
- 씨뿌리기: 2월 중순~3월 중순
- 옮겨심기: 4월 하순~5월 중순
- 수확: 6월 하순~9월 중순

재배 장소
통풍이 잘되는 곳에서 키운다. 햇빛이 잘 드는 곳을 좋아하고, 건조한 환경에서도 잘 자란다.

물주기
물을 충분히 주되, 배수가 원활하지 않으면 뿌리가 썩을 수 있으니 주의한다.

화분
원형(대형)

주의해야 할 질병
모자이크병, 백분병

주의해야 할 해충
진딧물, 왕담배나방

꼭 기억하세요!
초보자라면 모종을 옮겨 심어서 키우는 방법을 추천한다. 곁순은 모두 따고, 첫 번째 꽃에 열매가 확실히 맺히게 한다.

흙 준비하기

 1단계 토양 개량

시기
씨뿌리기 2~3주 전

흙 1L당 적옥토 40%, 퇴비 40%, 부엽토 10%, 왕겨숯 10%, 유기 석회비료 6g을 잘 섞는다.

 **2단계 밑거름 주기**

시기
씨뿌리기 1~2주 전

토양 개량 작업이 끝나면 흙에 영양을 주기 위해 밑거름을 준다. 깻묵, 쌀겨, 발효계분을 섞어서 준비한다.

배합(흙 1L 기준)
- 깻묵 ················ 40~50g
- 쌀겨 ················ 40~50g
- 발효계분 ··········· 80~100g

키우는 방법

씨뿌리기
3호 화분에 흙을 담고 씨앗 4~5개를 뿌린다. 물을 듬뿍 준다.

발아와 솎아내기
일주일 정도 지나 발아하면 3개를 남기고 솎아낸다. 그 후 본잎이 나면 한 장만 남기고 솎아낸다. 솎아내기를 한 뒤에는 북주기를 한다.

옮겨심기
화분에 흙을 담고 가운데에 구멍을 판다. 첫 번째 꽃이 피기 전 상태인 모종을 화분에 옮겨 심는다.

임시 지지대 세우기
옮겨 심은 모종에서 조금 떨어진 곳에 길이 60cm 정도의 임시 지지대를 세운다. 줄기와 지지대를 끈으로 8자 모양이 되도록 느슨하게 묶는다.

지지대 세우기
지지대 3개를 세워 위에서 모은다. 자라나는 덩굴을 지지대 쪽으로 유인한다.

POINT

순 따고 웃거름 주기
곁순을 모두 따고 한 개의 가지로 재배한다. 옮겨 심은 지 3주가 지나면 2주에 한 번씩 발효비료 100g을 준다.

수확 시작하기
빨갛게 익은 것부터 수확한다. 수확이 늦어지면 껍질이 상하므로 부지런히 수확한다.

순지르기
키가 지지대 높이까지 자라면 줄기의 끝부분을 잘라 성장을 멈추게 하여 영양분이 열매로 가게 한다.

> 모든 곁순을 따고 원가지 하나만 키우는 재배 방법은 한 개의 가지에만 영양을 집중시켜 열매를 크게 맺게 할 수 있다.

산뜻하고 시원한 대표적인 여름 채소
오이

오이는 대표적인 여름 채소지만 의외로 서늘한 기후를 좋아한다. 재배 기간이 짧아 싹이 나온 뒤 60일 정도면 수확할 수 있다.

재배 정보

| 과명 | 박과 | | 재배 적정 온도 | 18~25℃ |

| 1 | 2 | 3 | 4 | 5 | 6 | 7 | 8 | 9 | 10 | 11 | 12 |

- 🟩 씨뿌리기: 3월 초순~4월 중순, 4월 하순~6월 초순
- ⬜ 옮겨심기: 4월 하순~5월 하순, 6월 초순~7월 하순
- 🟧 수확: 5월 중순~7월 하순, 7월 초순~9월 중순

재배 장소
햇빛이 잘 들고 통풍이 잘되는 곳에서 키운다.

물주기
물을 잘 흡수하므로 흙이 마르지 않도록 한다. 한여름에는 아침, 저녁 2번 물을 준다.

화분
중형, 원형(대형)

주의해야 할 질병
노균병, 흰가루병

주의해야 할 해충
진딧물, 넓적다리잎벌레

꼭 기억하세요!
처음 나오는 4~5마디의 곁순은 잘라낸다. 열매가 18~20cm 정도 되면 수확하는 것이 좋다.

흙 준비하기

 1단계 토양 개량

시기: 씨뿌리기 2~3주 전

흙 1L당 적옥토 40%, 퇴비 40%, 부엽토 10%, 왕겨숯 10%, 유기 석회비료 6g을 잘 섞는다.

 2단계 밑거름 주기

시기: 씨뿌리기 1~2주 전

토양 개량 작업이 끝나면 흙에 영양을 주기 위해 밑거름을 준다. 깻묵, 쌀겨, 발효계분을 섞어서 준비한다.

배합(흙 1L 기준)
- 깻묵 ············· 40~50g
- 쌀겨 ············· 40~50g
- 발효계분 ········· 80~100g

키우는 방법

씨뿌리기
3~4호 화분에 흙을 담고 손가락으로 깊이 1cm의 구멍을 3개 판다. 한 개의 구멍에 씨앗을 한 개씩 뿌린 뒤 흙을 덮는다.

발아와 솎아내기(1회)
씨를 뿌린 지 3~4일이 지나면 발아한다. 쌍떡잎이 나면 3개의 모종 중 2개만 남기고 솎아낸다.

솎아내기(2회)
본잎 한 장이 튼튼하게 나면 2개의 모종 중 생육 상태가 좋은 모종 1개만 남기고 솎아낸다.

옮겨심기
본잎이 3~4장이 되면 화분으로 옮겨 심는다. 화분에 흙을 담고 가운데에 구멍을 판 뒤, 모종과 흙의 높이가 맞도록 조절하면서 옮겨 심는다.

임시 지지대 세우기
옮겨 심은 모종에서 조금 떨어진 곳에 임시 지지대를 약간 비스듬히 세운다. 줄기와 지지대를 끈으로 8자 모양이 되도록 느슨하게 묶는다.

지지대 세우기
덩굴이 자라면 높이 2m 정도의 지지대를 3개 세우고 위에서 하나로 합한다. 덩굴을 지지대 쪽으로 유인한다.

수확하기
처음 열린 열매 2~3개는 포기 전체에 피해를 줄 수 있으므로 열매가 작을 때 딴다. 그 후에는 열매 길이가 18~20cm 정도일 때 수확한다.

웃거름 주고 순지르기
옮겨 심은 지 3주가 지나면 2주에 한 번씩 발효비료 100g을 준다. 원가지가 지지대 높이까지 자라면 닿지 않도록 끝부분을 자른다.

> 처음 4~5마디 곁순은 모두 따고, 그 후에는 곁순을 1~2마디 키워 마지막에 끝부분을 자른다.

알아두세요

병충해 대책
노균병이나 흰가루병에 걸리면 배수와 통풍이 잘되게 신경 쓴다. 모종이 어릴 때는 한랭사나 방충망을 씌워 해충으로부터 보호한다.

오랫동안 수확하는 알찬 채소
가지

초여름부터 늦가을까지 오랫동안 수확할 수 있고, 무침, 볶음, 튀김 등 다양한 조리법으로 요리할 수 있다. 기다란 모양, 동그란 모양 등 종류도 다양하다.

재배 정보

- 과명: 가짓과
- 재배 적정 온도: 25~30℃
- 씨뿌리기: 2월 중순~4월 중순
- 옮겨심기: 4월 중순~6월 중순
- 수확: 6월 초순~10월 중순
- 재배 장소: 햇빛이 잘 드는 곳에서 키운다.
- 물주기: 건조한 환경에 약하므로 흙의 표면이 마르면 물을 충분히 준다. 물이 부족하지 않도록 주의한다.
- 화분: 원형(대형)
- 주의해야 할 질병: 흰가루병, 회색곰팡이병
- 주의해야 할 해충: 진딧물, 응애

꼭 기억하세요!
첫 열매는 작을 때 따고, 그 후에는 열매의 길이가 10~12cm일 때 수확한다. 가지는 3개의 가지(원가지 1개, 곁가지 2개)로 재배하는 게 좋다.

흙 준비하기

1단계 토양 개량

시기: 씨뿌리기 2~3주 전

흙 1L당 적옥토 40%, 퇴비 40%, 부엽토 10%, 왕겨숯 10%, 유기 석회비료 6g을 잘 섞는다.

2단계 밑거름 주기

시기: 씨뿌리기 1~2주 전

토양 개량 작업이 끝나면 흙에 영양을 주기 위해 밑거름을 준다. 깻묵, 쌀겨, 발효계분을 섞어서 준비한다.

배합(흙 1L 기준)
- 깻묵 ······ 40~50g
- 쌀겨 ······ 40~50g
- 발효계분 ······ 80~100g

키우는 방법

씨뿌리기
3호 화분에 흙을 담고 손가락으로 4~5개의 구멍을 판다. 한 구멍에 씨앗을 한 개씩 뿌리고 흙을 덮은 뒤 물을 준다.

솎아내기
쌍떡잎이 나면 모종을 3개만 남기고 솎아낸다. 그 후 본잎이 나면 건강한 모종 1개만 남기고 솎아낸다.

옮겨심기
기온이 충분히 올라가면 대형 화분으로 옮겨 심는다. 화분에 구멍을 파고 모종이 망가지지 않도록 조심하면서 옮겨 심는다.

지지대 세우기
모종 옆에 길이 60cm 정도 되는 지지대를 세운다. 줄기에 끈을 걸어 지지대에 8자 모양으로 느슨하게 묶는다.

POINT

순 따기
첫 번째 꽃이 피기 시작하면 그 아래 2개의 곁가지만 남기고 나머지 순들을 모두 따낸다.

> 원가지와 아래쪽 2개의 곁가지를 남기고 그 밖의 순을 따내 3개의 가지로만 재배하면 열매가 더 잘 자란다.

웃거름 주기
열매가 나기 시작하면 2주에 한 번 발효비료 100g을 화분에 넣는다.

수확하기
처음 열린 열매 2~3개는 전체의 생육을 좋게 하기 위해 작을 때 따낸다. 그 후에는 열매의 길이가 12cm 정도 되었을 때 수확한다.

알아두세요

병충해 대책
진딧물과 응애에 주의한다. 모종이 어릴 때는 한랭사나 방충망을 씌워 보호하고, 잎의 뒷면을 수시로 점검해 벌레를 발견하면 바로 씻어서 없앤다.

카로틴이 풍부한 건강 채소
피망

피망은 고추의 일종이지만 매운맛이 없는 것이 특징이다. 카로틴, 비타민 C가 듬뿍 들어있는 채소로 붉은색, 주황색, 노란색 등 다양한 색깔의 파프리카도 인기가 많다.

재배 정보

- **과명**: 가짓과
- **재배 적정 온도**: 20~30도℃

| 1 | 2 | 3 | 4 | 5 | 6 | 7 | 8 | 9 | 10 | 11 | 12 |

- 🟩 씨뿌리기 — 2월 중순~4월 하순
- ⬜ 옮겨심기 — 5월 초순~6월 하순
- 🟧 수확 — 6월 초순~10월 중순

재배 장소
햇빛이 잘 드는 곳에서 키운다.

물주기
물 흡수력이 좋으므로 흙 표면이 마르기 전에 물을 충분히 준다.

화분
원형(대형)

주의해야 할 질병
모자이크병, 역병

주의해야 할 해충
진딧물, 응애

> **꼭 기억하세요!**
> 3개의 가지(원가지 1개, 곁가지 2개)로 재배한다. 꽃이 피고 15~20일 정도 뒤에 되도록 작은 열매부터 수확해 나간다.

🟧 흙 준비하기

🟢 1단계 — 토양 개량
시기: 씨뿌리기 2~3주 전

흙 1L당 적옥토 40%, 퇴비 40%, 부엽토 10%, 왕겨숯 10%, 유기 석회비료 6g을 잘 섞는다.

🟢 2단계 — 밑거름 주기
시기: 씨뿌리기 1~2주 전

토양 개량 작업이 끝나면 흙에 영양을 주기 위해 밑거름을 준다. 깻묵, 쌀겨, 발효계분을 섞어서 준비한다.

배합(흙 1L 기준)
- 깻묵 ·············· 40~50g
- 쌀겨 ·············· 40~50g
- 발효계분 ·········· 80~100g

키우는 방법

씨뿌리기

3호 화분에 흙을 담고 4~5개의 구멍을 만든다. 한 개의 구멍에 씨앗을 하나씩 넣고 흙을 덮은 뒤 물을 준다.

발아와 솎아내기(1회)

기온이 높으면 1~2주 뒤에 발아한다. 쌍떡잎이 나오면 3개만 남기고 모두 솎아낸다.

솎아내기(2회)

본잎이 나오면 상태가 좋은 모종 1개만 남기고 솎아낸다. 그 후 본잎이 7~9장 정도 나올 때까지 키운다.

옮겨 심고 임시 지지대 세우기

둥근 화분에 모종을 얕게 심고 주변 흙으로 북주기를 한다. 임시 지지대를 세우고, 모종과 지지대를 끈으로 8자 모양이 되도록 느슨하게 묶는다.

순 따고 지지대 세우기

첫 번째 꽃이 핀 원가지와 그 바로 아래에 있는 가지 2개만 남기고 나머지 곁순을 모두 따낸다. 뿌리를 내리면 본 지지대를 세운다.

웃거름 주기

열매가 열리기 시작하면 웃거름을 준다. 2주에 한 번씩 발효비료 100g을 화분에 넣고 가볍게 북주기를 한다.

POINT

첫 열매 수확하기

첫 열매는 어릴 때 수확한다.

영양분이 포기 전체에 퍼지고 다음 열매가 잘 맺도록 하기 위해서는 맨 처음에 열린 열매를 빨리 따야 한다. 이 시기에 포기의 상태가 좋으면 수확량이 늘어난다.

수확하기

열매의 길이가 5~6cm 되면 수확하기에 가장 좋은 시기다. 가위로 꼭지 부분을 잘라 수확한다.

다양한 요리에 쓰이는 부드러운 채소
애호박

수분이 많고 카로틴과 비타민 C, 칼슘 등이 풍부한 여름 채소다. 볶음, 전, 찌개 등 다양한 요리에 쓰인다. 씨앗부터 키우기보다 모종을 심어 재배하는 것이 좋다.

재배 정보

| 과명 | 박과 | 재배 적정 온도 | 20~25℃ |

- 씨뿌리기: 3월 초순~4월 중순
- 옮겨심기: 4월 초순~5월 하순
- 수확: 6월 초순~8월 하순

재배 장소: 햇빛이 잘 들고 통풍이 잘되는 곳에서 키운다.

물주기: 겉흙이 마르면 물을 충분히 준다.

화분: 대형

주의해야 할 질병: 노균병, 흰가루병

주의해야 할 해충: 진딧물, 응애

> **꼭 기억하세요!**
> 처음 5마디 정도는 곁순을 잘 라낸다. 곁순을 자르지 않으면 햇볕을 가리고 통풍이 안 돼 잘 자라지 못한다.

흙 준비하기

1단계 토양 개량

시기: 씨뿌리기 2~3주 전

흙 1L당 적옥토 40%, 퇴비 40%, 부엽토 10%, 왕겨숯 10%, 유기 석회비료 6g을 잘 섞는다.

2단계 밑거름 주기

시기: 씨뿌리기 1~2주 전

토양 개량 작업이 끝나면 흙에 영양을 주기 위해 밑거름을 준다. 깻묵, 쌀겨, 발효계분을 섞어서 준비한다.

배합(흙 1L 기준)
- 깻묵 ·········· 40~50g
- 쌀겨 ·········· 40~50g
- 발효계분 ·········· 80~100g

키우는 방법

씨뿌리기
씨의 껍질이 단단해서 발아까지 시간이 걸린다. 씨를 물에 하룻밤 담가놓았다가 심으면 싹이 잘 튼다. 화분에 흙을 담고 1cm 깊이로 심는다.

솎아내기
본잎이 3~4장이 되면 작은 모종을 솎아낸다.

옮겨심기
키가 6~10cm 되면 큰 화분에 50~60cm 간격으로 구멍을 2개 만들어 옮겨 심는다. 모종에서 조금 떨어진 곳에 임시 지지대를 세우고 덩굴을 유인한다.

POINT

솎아내기(2회)
① 덩굴이 자라면 지지대 3개를 같은 간격으로 세운다.
② 높이 90cm마다 다른 지지대를 가로로 걸친다.
③ 80×180cm 크기의 그물망을 씌우고, 끈으로 지지대와 그물망을 묶어준다.
④ 자라난 덩굴을 그물망이나 지지대 쪽으로 자연스럽게 유인한다.

> 덩굴이 점점 자라기 때문에 지지대나 그물망에 묶어서 키워야 한다. 수확량을 늘리려면 5마디 정도의 곁순을 잘라낸다.

웃거름 주기
열매가 열리기 시작하면 2주에 한 번 발효비료 100g을 화분에 넣는다.

수확하기
열매 길이가 15~20cm 정도 되면 수확한다.

순지르기
지지대보다 높게 자라면 손이 닿을 수 없게 되므로 끝부분을 자른다.

면역력을 높여주는 달콤한 열매

단호박

단호박은 크기가 작고 병충해에 강한 편이어서 화분 재배에 적합하다. 비타민 E와 카로틴 같은 영양소가 풍부하고, 면역력을 높여주며, 감기 예방 효과가 있다.

재배 정보

| 과명 | 박과 | 재배 적정 온도 | 25~30℃ |

| 1 | 2 | 3 | 4 | 5 | 6 | 7 | 8 | 9 | 10 | 11 | 12 |

- 씨뿌리기: 4월 초순~5월 하순
- 옮겨심기: 5월 초순~6월 하순
- 수확: 7월 초순~8월 하순

재배 장소
발아할 때까지 실내에서 키우고, 발아하면 베란다에 내놓는다.

물주기
겉흙이 마르면 물을 듬뿍 준다. 오전 중에 물을 주는 것이 좋다.

화분
원형(대형)

주의해야 할 질병
흰가루병

주의해야 할 해충
진딧물, 응애, 넓적다리잎벌레

꼭 기억하세요!

오전 9시까지 인공수분을 끝내야 좋은 열매가 열린다. 본잎이 6~7장 나오면 순지르기를 하고, 3개의 새끼 덩굴을 키운다. 암꽃이 피고 35~40일 뒤에 수확한다.

흙 준비하기

 1단계 토양 개량

시기
씨뿌리기 2~3주 전

흙 1L당 적옥토 40%, 퇴비 40%, 부엽토 10%, 왕겨숯 10%, 유기 석회비료 6g을 잘 섞는다.

 **2단계** 밑거름 주기

시기
씨뿌리기 1~2주 전

토양 개량 작업이 끝나면 흙에 영양을 주기 위해 밑거름을 준다. 깻묵, 쌀겨, 발효계분을 섞어서 준비한다.

배합(흙 1L 기준)
- 깻묵 ⋯⋯⋯⋯⋯⋯ 40~50g
- 쌀겨 ⋯⋯⋯⋯⋯⋯ 40~50g
- 발효계분 ⋯⋯⋯⋯ 80~100g

키우는 방법

씨뿌리기
4호 화분에 흙을 담고, 2개의 씨앗을 뿌린다.

솎아내기
쌍떡잎이 나면 건강한 모종 한 개는 남기고 나머지 한 개는 가위로 잘라 솎아낸다.

옮겨심기
본잎이 4~5장이 되면 모종을 화분에 옮겨 심는다. 물을 화분 밑으로 흘러나올 정도로 듬뿍 준다.

지지대 세우기
4개의 지지대를 세우고 위쪽을 간격이 20~30cm 되게 철사나 끈으로 묶어서 덩굴을 유인한다.

POINT

3개의 덩굴까지는 키우기
4번째 덩굴부터는 순지르기

일주일에 한 번 정도 덩굴을 끈으로 묶어서 지지대 쪽으로 유인하고, 3개의 덩굴은 키운다.

유인하기
덩굴의 성장 속도가 빠르므로 부지런히 유인한다. 포기 주변의 덩굴이나 마른 잎을 없애 햇빛이 잘 들고 통풍이 잘되게 한다.

인공수분하기
암꽃이 피면 수꽃을 따서 잎을 젖히고 수술을 드러낸 다음 암술머리에 대고 문지른다.

알아두세요

웃거름 주는 방법
열매가 생기면 2주에 한 번씩 발효비료 100g을 넣고, 잎의 색이 진해지면 비료 주는 것을 삼간다.

수확하기
꽃이 피고 35~40일이 지나면 꼭지 부분이 갈라지면서 코르크처럼 된다. 이때 꼭지를 가위로 잘라서 수확한다.

예쁘고 상큼한 봄 선물
딸기

누구에게나 인기 만점인 딸기는 씨앗을 뿌려 키우는 것보다 모종을 심어 재배하는 것이 좋다. 가을에 모종을 옮겨 심으면 겨울을 보내고 봄과 초여름에 걸쳐 열매를 맺는다.

재배 정보

| 과명 | 장미과 | 재배 적정 온도 | 17~20℃ |

| 1 | 2 | 3 | 4 | 5 | 6 | 7 | 8 | 9 | 10 | 11 | 12 |

■ 씨뿌리기: 10월 중순~11월 중순
■ 수확: 5월 초순~6월 중순

재배 장소
옮겨 심고 2~3일 동안 그늘에 둔다. 그 후로는 양지로 옮긴다.

물주기
건조한 환경에 약하므로 옮겨 심은 뒤 물을 충분히 준다.

화분
중형

주의해야 할 질병
흰가루병, 회색곰팡이병

주의해야 할 해충
진딧물, 응애

꼭 기억하세요!
딸기는 줄기(땅 위로 기듯이 뻗어가는 줄기)의 반대편에 있는 꽃송이에서 열매가 맺힌다. 꽃이 피면 화분을 두는 곳이 최저 온도 6℃ 아래로 내려가지 않도록 주의한다.

흙 준비하기

 1단계 토양 개량

시기
씨뿌리기 2~3주 전

흙 1L당 적옥토 40%, 퇴비 40%, 부엽토 10%, 왕겨숯 10%, 유기 석회비료 6g을 잘 섞는다.

 **2단계 밑거름 주기**

시기
씨뿌리기 1~2주 전

토양 개량 작업이 끝나면 흙에 영양을 주기 위해 밑거름을 준다. 깻묵, 쌀겨, 발효계분을 섞어서 준비한다.

배합(흙 1L 기준)
깻묵 ···················· 40~50g
쌀겨 ···················· 40~50g
발효계분 ············· 80~100g

키우는 방법

1. 옮겨심기
딸기 모종을 준비해 포기의 간격을 넓게 하여 얕게 심는다.

2. 마른 잎 골라내기
마른 잎을 골라낸다. 포기의 주변 흙을 손으로 가볍게 누르면 좋다.

3. 웃거름 주기(1회)
발효비료 100g을 포기 주변에 뿌려준다. 전체적으로 넣고 가볍게 북주기를 한다.

4. 웃거름 주기(2회)
꽃이 피기 시작하면 3번과 같은 방법으로 두 번째 웃거름 주기를 한다.

5. 열매 맺기
꽃이 지면 열매가 달린다. 되도록 햇볕을 많이 받을 수 있게 한다.

6. 수확하기
꽃이 피고 30~40일이 지나면 열매가 붉게 익는다. 되도록 아침에 잘 익은 열매부터 딴다.

POINT

꽃송이 / 기는 줄기

꽃송이가 열매가 된다. 모종을 옮겨 심을 때 꽃송이가 앞으로 나오게 심는다.

딸기는 줄기로 증식한다. 줄기의 양쪽을 잘라주면 그대로 작은 모종이 된다.

알아두세요 — 재배상식

어린잎이나 열매, 줄기의 표면에 하얀 밀가루를 뿌려놓은 것처럼 흰곰팡이가 생겼다면 흰가루병에 걸린 것이다. 곰팡이 포자가 바람에 날리면 주변 채소에도 나쁜 영향을 미치게 된다. 발견하는 즉시 그 부분을 잘라낸다.

단백질과 비타민 C가 풍부한 어린 콩
풋콩

꼬투리가 완전히 여물기 전에 수확하는 콩. 메주콩의 일종으로 풋콩용 품종이 따로 있다. 밥에 넣어 먹거나 샐러드를 해 먹어도 좋고, 간식으로 그냥 까 먹어도 맛있다. 노린재의 피해가 없도록 주의한다.

재배 정보

| 과명 | 콩과 | 재배 적정 온도 | 20~30℃ |

| 1 | 2 | 3 | 4 | 5 | 6 | 7 | 8 | 9 | 10 | 11 | 12 |

씨뿌리기: 4월 중순~6월 초순
수확: 7월 초순~9월 초순

재배 장소
싹이 나면 햇빛이 잘 드는 곳에 둔다.
밖에 둘 때는 방충망을 씌워 새의 피해를 막는다.

물주기
흙이 마르면 물을 충분히 준다.

화분
대형

주의해야 할 질병
모자이크병

주의해야 할 해충
콩나방, 노린재

꼭 기억하세요!
밑거름은 질소 성분이 있으므로 조금만 주고, 콩꼬투리가 생기면 해충 대책을 세운다. 실외라면 새의 피해를 막기 위해 한랭사나 부직포를 덮어주는 방법을 추천한다.

흙 준비하기

1단계 토양 개량

시기: 씨뿌리기 2~3주 전

흙 1L당 적옥토 40%, 퇴비 40%, 부엽토 10%, 왕겨숯 10%, 유기 석회비료 6g을 잘 섞는다.

2단계 밑거름 주기
시기: 씨뿌리기 1~2주 전

토양 개량 작업이 끝나면 흙에 영양을 주기 위해 밑거름을 준다. 깻묵, 쌀겨, 발효계분을 섞어서 준비한다.

배합(흙 1L 기준)
깻묵 ············· 20~25g
발효계분 ········· 40~50g

키우는 방법

1 씨뿌리기

깊이 1cm 정도의 구멍을 3~4개 파고, 한 개의 구멍에 씨앗을 3개씩 뿌린다.

2 흙덮기

흙을 덮고 가볍게 누른 뒤 물을 충분히 준다. 풋콩 씨앗은 새들이 좋아하므로 발아할 때까지 방충망을 씌워 보호한다.

3 솎아내기

본잎이 2~3장 나면 한 개의 구멍에 있던 3개의 싹 중 건강한 싹 1개만 남기고 솎아낸다. 싹은 가위로 잘라낸다.

4 웃거름 주기

씨를 뿌린 지 3주가 지나면 2주에 한 번씩 발효비료 100g을 넣고 가볍게 북주기를 한다.

5 해충 피해 막기

콩꼬투리가 생기면 해충에 주의한다. 노린재는 콩 속의 즙을 빨아먹기 때문에 발견하는 즉시 없앤다.

6 수확하기

콩꼬투리가 부풀고 꼬투리 속 콩이 커지면 포기를 뽑아 수확한다.

POINT

수확량을 늘리려면 해충의 피해를 최소한으로 줄여야 한다. 해충을 발견하면 즉시 없애고, 사전에 한랭사나 부직포로 덮어 벌레의 침입을 막는다.
콩꼬투리가 충분히 부풀지 않거나 풋콩의 잎이 노랗게 말라버리는 것은 지나치게 건조하기 때문이다. 땅이 마르지 않도록 항상 물을 충분히 준다.

노린재의 습격을 받은 상태

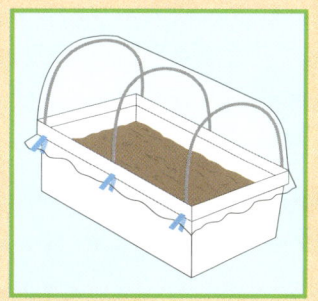

한랭사 덮개

깍지째 먹어 식물성 섬유가 풍부한 콩
줄기콩

덩굴이 있는 것과 없는 것이 있는데 초보자가 키우기에는 덩굴이 없는 것이 좋다. 건조한 환경을 피하고 해충의 피해를 받지 않도록 주의한다. 그린빈스라고도 하며, 흔히 볶음요리에 이용한다.

재배 정보

| 과명 | 콩과 | 재배 적정 온도 | 20℃ 전후 |

| 1 | 2 | 3 | 4 | 5 | 6 | 7 | 8 | 9 | 10 | 11 | 12 |

- 씨뿌리기: 4월 중순~6월 중순
- 수확: 6월 중순~8월 하순

놓는 장소
햇빛이 잘 들고 통풍이 잘되는 곳에서 키운다.

물주기
건조하면 꽃이 떨어지거나 응애가 생기기 쉬우므로 항상 물을 듬뿍 준다.

화분
중형, 대형

주의해야 할 질병
바이러스, 탄저병

주의해야 할 해충
진딧물, 응애

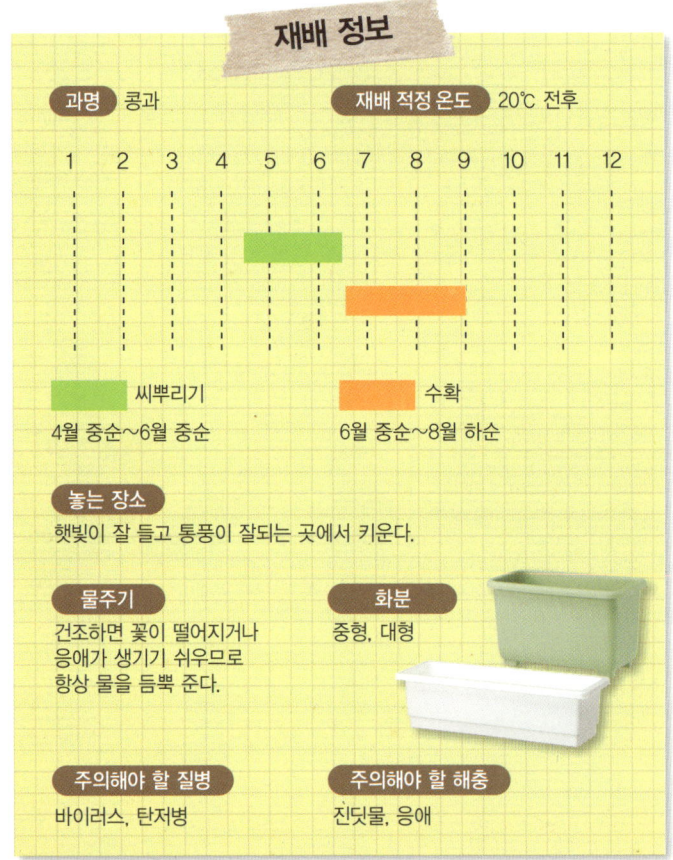

꼭 기억하세요!
지지대를 세워서 키우고, 열매가 12~13cm가 되면 수확하세요. 수확량을 늘리려면 병충해를 확실히 막는 게 중요합니다.

흙 준비하기

 **1단계 토양 개량**

시기
씨뿌리기 2~3주 전

흙 1L당 적옥토 40%, 퇴비 40%, 부엽토 10%, 왕겨숯 10%, 유기 석회비료 6g을 잘 섞는다.

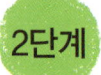 **2단계 밑거름 주기**

시기
씨뿌리기 1~2주 전

토양 개량 작업이 끝나면 흙에 영양을 주기 위해 밑거름을 준다. 깻묵, 쌀겨, 발효계분을 섞어서 준비한다.

배합(흙 1L 기준)
- 깻묵 ·············· 20~25g
- 발효계분 ·············· 40~50g

60

키우는 방법

씨뿌리기
화분에 지름 5cm, 깊이 2cm 정도의 구멍을 20~25cm 간격으로 만들고, 한 개의 구멍에 씨앗을 3개씩 뿌린다.

흙덮기
씨앗 크기의 3배 정도 두께로 흙을 덮는다. 손으로 가볍게 누르고 물을 충분히 준다.

솎아내기(1, 2회)
본잎이 나오면 한 곳에서 나온 3개의 포기 중 상태가 좋지 못한 모종 한 개를 솎아낸다. 그 후 본잎이 4~5장이 되면 한 곳에 한 개만 남기고 솎아낸다.

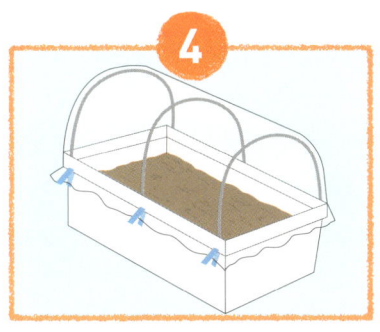

한랭사 씌우기
이 시기에는 새의 피해를 받기 쉽다. 한랭사나 부직포로 덮어두는 것이 좋다.

웃거름 주기
키가 20cm 정도 되면 2주에 한 번 발효비료 100g을 포기 주변에 넣고 가볍게 북주기를 한다.

지지대 세우기
덩굴이 없는 강낭콩은 지지대 없이도 키울 수는 있지만, 바람에 쓰러지는 것을 막으려면 지지대를 세우는 것이 좋다.

수확하기
꽃이 핀 뒤 10~15일이 지나면 수확한다. 어린 꼬투리가 연하고 맛있으므로 재빨리 수확한다.

POINT

강낭콩은 진딧물이나 응애 같은 해충이 들러붙기 쉬우므로 각별한 주의가 필요하다. 해충을 막는 방법으로 우유나 전분으로 만든 살충제를 추천한다. 우유를 사용할 때는 맑은 날 오전에 희석하지 않은 우유를 그대로 분무기에 담아 잎에 뿌린다.

무더위와 한파 대처법

Q 여행을 가게 되었어요. 장기간 집을 비울 때 물을 어떻게 주면 될까요?

A 화분 재배를 할 때 흙이 마르는 것을 흔히 볼 수 있습니다. 건조한 환경을 좋아하는 채소라면 상관없겠지만, 대부분의 채소는 매일 물을 주어야 합니다.

장기간 집을 비울 때는 발포스티롤(압축된 스티로폼) 통에 물을 담고 그 안에 화분을 넣어두면 좋습니다. 그렇지 않으면 물을 담은 페트병 뚜껑에 송곳으로 구멍을 내어 흙에 거꾸로 꽂아놓는 방법도 있습니다. 시판하는 급수 캡도 있으니 적당한 것을 골라 이용하면 됩니다.

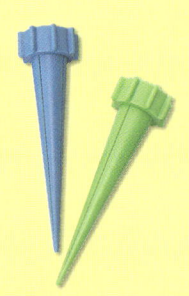

사용하기 편한 급수 캡. 물이 흙으로 천천히 스며들기 때문에 여행 중에도 안심할 수 있다.

Q 채소를 재배할 때 한여름 더위나 한겨울 추위에 대처할 방법이 있나요?

A 여름에 베란다에서 채소를 키울 때 신경 써야 할 것은 바로 빛과 열의 반사입니다. 콘크리트로 둘러싸인 베란다는 빛과 열이 반사되어 기온이 쉽게 올라가기 때문입니다. 여름에는 약간 그늘이 지는 곳에 나무받침이나 벽돌을 깔고 그 위에 화분을 올려놓는 것이 좋습니다.

추운 겨울에는 네 귀퉁이에 지지대를 세우고 비닐을 덮어주면 비닐이 간이온실 역할을 해 모종을 보호합니다.

비닐로 간이온실을 만들 때는 바람이 통하도록 구멍을 몇 개 뚫는다.

PART 4
뿌리채소

땅속에서 자라는 뿌리채소는 다른 어떤 채소보다 수확의 기쁨을 준다. 영양가가 높기로도 손꼽히는 뿌리채소. 이제 집에서 간단히 키워보자.

당근 · · · · · · · · · · · · · p.64
래디시 · · · · · · · · · · · · p.66
무 · · · · · · · · · · · · · · · p.68
감자 · · · · · · · · · · · · · p.70
우엉 · · · · · · · · · · · · · p.72
생강 · · · · · · · · · · · · · p.74

카로틴이 듬뿍 들어있는 녹황색 채소

당근

당근은 카로틴이 풍부한 대표 녹황색 채소로 한식, 중식, 일식, 양식 등 모든 요리에 잘 어울린다. 식탁에서 빼놓을 수 없는 기본 채소다.

재배 정보

| 과명 | 미나리과 | 재배 적정 온도 | 15~20℃ |

| 1 | 2 | 3 | 4 | 5 | 6 | 7 | 8 | 9 | 10 | 11 | 12 |

씨뿌리기
3월 하순~5월 하순
7월 하순~9월 중순

수확
6월 중순~8월 초순
10월 초순~12월 초순

재배 장소
햇빛이 잘 드는 곳에서 키운다.

물주기
흙의 표면이 마르면 물을 충분히 준다.

화분
대형
(깊이 30cm 이상)

주의해야 할 질병
흰가루병

주의해야 할 해충
산호랑나비

꼭 기억하세요!
당근은 발아하기 전까지가 중요하다. 씨를 뿌리고 나서 햇빛이 잘 들도록 흙을 얇게 덮어 준다.

흙 준비하기

 1단계 토양 개량

시기
씨뿌리기 2~3주 전

흙 1L당 적옥토 40%, 퇴비 40%, 부엽토 10%, 왕겨숯 10%, 유기 석회비료 6g을 잘 섞는다.

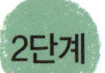 **2단계 밑거름 주기**

시기
씨뿌리기 1~2주 전

토양 개량 작업이 끝나면 흙에 영양을 주기 위해 밑거름을 준다. 깻묵, 발효계분을 섞어서 준비한다.

배합(흙 1L 기준)
깻묵 ·················· 40~50g
발효계분 ············ 80~100g

키우는 방법

1. 씨뿌리기
화분에 흙을 담고 10~15cm 간격으로 도랑을 2줄 만든다. 씨앗이 서로 겹치지 않도록 일정한 간격으로 뿌린다.

POINT

2. 흙덮기
흙을 씨앗이 살짝 가려질 정도로만 얇게 덮고 손으로 가볍게 누른다.

> 당근의 씨앗은 빛에 의해 발아가 촉진되는 호광성 종자에 속한다. 흙을 얇게 덮고, 발아할 때까지 부지런히 물을 주도록 한다.

3. 물주기
햇빛이 잘 드는 곳에 두고 발아할 때까지 물을 듬뿍 준다.

4. 솎아내기(1회)
본잎이 1~2장 나오면 포기의 간격이 3cm 정도 되도록 솎아낸다. 잎끼리 서로 닿지 않을 정도로 한다.

5. 솎아내고(2회) 웃거름 주기
본잎이 3~4장이 되면 간격이 5~6cm가 되도록 솎아내고, 발효비료 100g을 전체적으로 뿌린다.

6. 웃거름 주기(2회)
웃거름은 포기의 상태를 보면서 2주에 한 번 준다. 발효비료 100g을 전체적으로 뿌린다.

7. 수확하기
씨뿌리고 70일 뒤 뿌리가 살짝 드러나고 잎이 처지기 시작하면 수확한다. 뿌리 윗부분을 잡고 천천히 잡아당겨 뽑는다.

알아두세요 / 재배상식

당근을 키우기에 적합한 기온은 15~20℃다. 10℃ 이하나 30℃ 이상이 되면 생육이 정체된다. 여름에 씨를 뿌리기보다 봄에 뿌려야 잘 자란다.

한 달 만에 수확하는 초보자용 채소
래디시

래디시는 30일 만에 수확할 수 있는 채소다. 한여름과 한겨울을 빼고는 1년 내내 쉽게 키울 수 있어 초보자에게 안성맞춤이다.

재배 정보

과명 유채과　　**재배 적정 온도** 15~20℃

| 1 | 2 | 3 | 4 | 5 | 6 | 7 | 8 | 9 | 10 | 11 | 12 |

■ 씨뿌리기　　■ 수확

3월 하순~6월 초순　　5월 초순~7월 중순
8월 중순~10월 하순　　10월 초순~12월 중순

재배 장소
햇빛이 잘 드는 곳에서 키운다.

물주기
흙 표면이 마르면 물을 듬뿍 준다.

화분
중형

주의해야 할 질병
모자이크병

주의해야 할 해충
진딧물, 배추벌레, 배추좀나방

꼭 기억하세요!
간격이 3~4cm 정도를 유지하도록 솎아내기를 한다. 방충망을 씌워 해충의 피해를 막으면 수확량을 늘릴 수 있다.

흙 준비하기

1단계 토양 개량
시기
씨뿌리기 2~3주 전

흙 1L당 적옥토 40%, 퇴비 40%, 부엽토 10%, 왕겨숯 10%, 유기 석회비료 6g을 잘 섞는다.

2단계 밑거름 주기
시기
씨뿌리기 1~2주 전

토양 개량 작업이 끝나면 흙에 영양을 주기 위해 밑거름을 준다. 깻묵, 발효계분을 섞어서 준비한다.

배합(흙 1L 기준)
깻묵 ·············· 40~50g
발효계분 ·········· 80~100g

키우는 방법

씨뿌리기
화분에 흙을 담고 10~15cm 간격으로 깊이 1cm 정도 도랑을 2줄 만든다. 1cm 간격으로 씨를 뿌린다.

흙덮기
도랑 주변의 흙으로 북주기를 하듯이 0.5~1cm 두께로 흙을 덮고 손바닥으로 가볍게 누른 뒤 물을 흠뻑 준다.

물주기
발아하면 물을 준다. 습기가 많으면 자라기 어려우므로 물을 너무 많이 주지 않도록 주의한다.

POINT

솎아내기
발아한 뒤 포기가 서로 엉켜 있으면 간격이 3~4cm 되도록 솎아내기를 한다. 솎아낸 싹은 먹을 수 있다.

> 본잎이 1~2장 나기 전까지 간격이 3~4cm 되도록 솎아내기를 끝낸다. 포기의 간격이 넓어야 뿌리가 둥글고 크게 자란다.

북주기
솎아낸 뒤에는 주변에 있는 흙을 포기 근처로 모으듯이 북주기를 하고 물을 준다.

웃거름 주기
본잎이 3~4장이 되면 웃거름을 준다. 발효비료 100g을 전체적으로 뿌리고 북주기를 한다.

수확하기
뿌리의 지름이 2~3cm가 되면 수확할 수 있다. 뿌리가 큰 것부터 뿌리의 윗부분을 잡고 뽑아낸다.

알아두세요 — 재배상식

흙이 마르면 래디시의 뿌리가 둥글게 자라지 않는다. 솎아내기를 충분히 하지 않아 포기 사이가 비좁아도 뿌리가 크지 못한다. 솎아낸 뒤에는 북주기를 하고 물을 주어 흙이 마르지 않도록 한다.

아삭아삭 시원한 천연 소화제
무

비타민 C와 철분, 식이섬유, 소화효소가 풍부한 건강 채소다. 해독 작용도 있어 생선에 곁들이면 생선이 탈 때 생기는 발암 물질을 줄일 수 있다.

재배 정보

| 과명 | 배추과 | 재배 적정 온도 | 17~20℃ |

| 1 | 2 | 3 | 4 | 5 | 6 | 7 | 8 | 9 | 10 | 11 | 12 |

씨뿌리기: 8월 하순~9월 중순
수확: 10월 하순~12월 중순

재배 장소
햇빛이 잘 드는 곳에서 키운다.

물주기
흙의 표면이 마르면 물을 충분히 준다.

화분
대형 (깊이 30cm 이상)

주의해야 할 질병
무름병

주의해야 할 해충
진딧물, 배추벌레, 배추좀나방, 배추벼룩잎벌레

꼭 기억하세요!
무는 깊이가 깊은 화분에 키워야 한다. 큰 뿌리를 수확하려면 속아내기는 3단계에 걸쳐서 한다.

흙 준비하기

1단계 토양 개량

시기: 씨뿌리기 2~3주 전

흙 1L당 적옥토 40%, 퇴비 40%, 부엽토 10%, 왕겨숯 10%, 유기 석회비료 6g을 잘 섞는다.

2단계 밑거름 주기

시기: 씨뿌리기 1~2주 전

토양 개량 작업이 끝나면 흙에 영양을 주기 위해 밑거름을 준다. 깻묵, 발효계분을 잘 섞어서 준비한다.

배합(흙 1L 기준)
깻묵 ·············· 40~50g
발효계분 ·········· 80~100g

키우는 방법

씨 뿌릴 준비하기
화분에 흙을 담고 지름 5cm, 깊이 2~3cm 정도의 구멍을 20~30cm 간격으로 만든다.

씨뿌리기
한 곳에 4~5개의 씨앗을 겹치지 않게 뿌린다. 흙을 덮고 손으로 가볍게 누른 뒤 물을 충분히 준다.

솎아내기(1회)
본잎이 1~2장 나오면 한 곳에 건강한 포기 3개만 남기고 솎아낸 뒤 북주기를 한다.

솎아내기(2회)
본잎이 3~4장이 되면 한 곳에 2개만 남기고 솎아낸 뒤, 주변의 흙을 손으로 누르며 고르게 정리한다.

웃거름 주기(1회)
솎아내기를 하면서 발효비료 100g을 화분 전체에 넣고 가볍게 북주기를 한다.

솎아내기(3회)
본잎이 5~6장이 되면 마지막 솎아내기를 한다. 한 곳에 한 개의 포기만 남긴다.

웃거름 주기(2회)
솎아내기를 한 뒤 성장을 촉진하는 웃거름을 주고 근처로 흙을 모아 산처럼 만든다.

수확하기
씨를 뿌리고 2개월 정도 지나면 수확한다. 밑동을 잡고 천천히 뽑아낸다.

알아두세요

병충해 대책
무름병은 토양이 세균에 감염되면서 채소가 썩는 것이다. 고온다습하면 이 병에 걸리기 쉬우므로 배수와 통풍이 잘되게 한다.

품종 다양하고 쓰임새 많은 뿌리 채소
감자

남미 안데스 고원이 원산지인 감자는 토질에 관계없이 키울 수 있는 채소다. 비타민 B군과 비타민 C가 풍부하며, 감자의 비타민 C는 가열해도 파괴되지 않는 장점이 있다.

재배 정보

| 과명 | 가짓과 | 재배 적정 온도 | 15~20℃ |

씨뿌리기: 2월 하순~4월 초순 / 8월 하순~9월 중순
수확: 6월 초순~6월 하순 / 11월 하순~12월 초순

재배 장소: 햇빛 잘 드는 곳에서 키운다.

물주기: 겉흙이 마르면 물을 듬뿍 준다.

화분: 대형 (깊이 30cm 이상)

주의해야 할 질병: 역병, 더뎅이병

주의해야 할 해충: 진딧물, 큰이십팔점박이무당벌레

> **꼭 기억하세요!**
> 감자는 품종이 다양하니 좋아하는 품종을 골라 기르면 된다. 시판하는 씨감자를 옮겨 심으면 수확량을 늘릴 수 있다.

흙 준비하기

1단계 토양 개량

시기: 씨뿌리기 2~3주 전

흙 1L당 적옥토 40%, 퇴비 40%, 부엽토 10%, 왕겨숯 10%, 유기 석회비료 6g을 잘 섞는다.

2단계 밑거름 주기

시기: 씨뿌리기 1~2주 전

토양 개량이 끝나면 흙에 영양을 주기 위해 밑거름을 준다. 깻묵 또는 쌀겨와 발효계분을 섞어서 준비한다.

배합(흙 1L 기준)
깻묵 또는 쌀겨 .... 50~60g
발효계분 .... 80~100g

키우는 방법

씨감자 준비하기
심기 전에 씨감자를 자른다. 60~100g 의 것은 절반으로 자르고, 110g 이상의 것은 3등분해 자른다. 50g 이하의 것은 자르지 않고 그대로 심는다.

옮겨심기
화분의 절반 정도 깊이까지 흙을 담고 씨감자를 옮겨 심는다. 자른 단면이 밑으로 가게 심는다.

흙덮기
흙을 5~6cm 정도 두께로 덮는다. 손으로 가볍게 누른 뒤 충분한 양의 물을 준다.

POINT

순 따기
키가 10~15cm 정도 자라면 곁순을 딴다. 크기가 크고 건강한 줄기 한 개씩만 남기고 뿌리부터 잘라낸다.

> 순 따기는 속아내기와 같다. 씨감자에서 몇 개의 싹이 나오지만 굵은 줄기 한 개만 남기고 나머지는 따낸다. 속아낸 뒤에는 주변 흙을 긁어 덮어 흙을 보충한다. 흙을 덮어주면 감자에 햇빛이 닿아 녹색으로 변하는 것을 막을 수 있다. 속아내기, 웃거름 주기, 흙 보충하기를 한 뒤 마지막에 물을 듬뿍 준다.

웃거름 주고 흙 보충하기(1회)
순 따기를 한 뒤 발효비료 100g을 화분 전체에 넣는다. 그런 다음 포기의 뿌리 주변에 흙을 5cm 정도 보충한다.

웃거름 주고 흙 보충하기(2회)
꽃봉오리가 생기면 5번과 같은 방법으로 두 번째 웃거름 주기와 북주기를 한다.

수확하기
잎과 줄기가 황록색이 되기 시작하면 수확의 적기다. 줄기의 밑동을 잡고 뽑아낸 뒤, 땅속에 감자가 남아있지 않도록 모두 파낸다.

식이섬유가 풍부한 암 예방 채소
우엉

아작아작 씹는 맛이 좋은 우엉은 비타민 C와 철분, 칼슘, 칼륨 등이 많고 식이섬유도 풍부하다. 암을 예방하는 효과도 있다.

재배 정보

| 과명 | 국화과 | 재배 적정 온도 | 20~25℃ |

■ 씨뿌리기
3월 하순~6월 초순
8월 중순~9월 중순

■ 수확
7월 초순~10월 하순
12월 초순~12월 하순

재배 장소
햇빛이 잘 들고 통풍이 잘되는 곳에서 키운다.

물주기
발아할 때까지는 분무기로 물을 주고, 발아한 뒤에는 듬뿍 준다.

화분
원형(대형, 깊이 40cm 이상)

주의해야 할 질병
흑반병

주의해야 할 해충
진딧물

꼭 기억하세요!
우엉은 흙이 깊고 부드러운 곳에서 키워야 한다. 물이 잘 빠지고 통풍이 잘되는 흙을 준비한다.

흙 준비하기

 1단계 토양 개량

시기
씨뿌리기 2~3주 전

흙 1L당 적옥토 40%, 퇴비 40%, 부엽토 10%, 왕겨숯 10%, 유기 석회비료 6g을 잘 섞는다.

 2단계 밑거름 주기

시기
씨뿌리기 1~2주 전

토양 개량 작업이 끝나면 흙에 영양을 주기 위해 밑거름을 준다. 깻묵, 발효계분을 잘 섞어서 준비한다.

배합(흙 1L 기준)
깻묵 ·············· 40~50g
발효계분 ·········· 80~100g

키우는 방법

씨뿌리기

화분 가운데에 지름 20cm 정도의 원을 그리면서 도랑을 만들고, 씨앗을 1cm 간격으로 뿌린다.

흙덮기

흙을 덮고 손으로 누른 뒤 물을 준다. 씨앗이 작기 때문에 물을 줄 때 씨앗이 흘러가지 않도록 주의한다.

솎아내기(1회)

떡잎이 피면 간격이 3cm 정도 되도록 솎아내기를 한다. 솎아낸 뒤 주변의 흙을 긁어 가볍게 북주기 한다.

솎아내기(2회)

본잎이 3~4장 되면 간격이 6cm 정도 되도록 솎아내기를 한다. 솎아낸 포기는 요리에 쓴다.

웃거름 주기(1회)

두 번째 솎아내기를 한 뒤, 발효비료 100g을 포기 주변에 뿌린다. 뿌린 비료와 흙을 잘 섞으면서 북주기를 한다.

솎아내기(3회)

키가 15~20cm 정도 되면 포기의 간격이 10~15cm가 되도록 솎아내기를 한다.

웃거름 주기(2회)

세 번째 솎아내기를 한 뒤, 5번과 같은 방법으로 두 번째 웃거름을 준다. 북주기도 반드시 한다.

수확하기

뿌리의 지름이 1~2cm 정도 되면 수확한다. 조금 빨리 수확해야 부드럽고 연한 우엉을 얻을 수 있다.

POINT

주머니 재배

뿌리채소를 크게 키우려면 대형 화분이 필요하지만, 깊고 큰 주머니가 있다면 주머니에서도 키울 수 있다. 키우는 방법은 화분 재배와 같다.

다양한 요리에 쓰이는 향신 채소
생강

비타민이 풍부하고 항산화 작용이 있다. 위를 건강하게 하고, 혈액순환이 잘되게 하여 몸을 따뜻하게 하는 효과도 있다.

재배 정보

| 과명 | 생강과 | 재배 적정 온도 | 25~30℃ |

| 1 | 2 | 3 | 4 | 5 | 6 | 7 | 8 | 9 | 10 | 11 | 12 |

■ 씨뿌리기
4월 초순~5월 하순

■ 수확
잎생강 : 7월 초순~8월 하순
뿌리생강 : 10월 하순~11월 초순

재배 장소
그늘도 괜찮지만, 밝고 따뜻한 곳에서 키우는 것이 좋다.

물주기
겉흙이 마르면 물을 듬뿍 준다. 건조한 환경에 약하지만, 지나치게 습해도 뿌리가 썩으니 주의한다.

화분
대형
(깊이 20cm 이상)

주의해야 할 질병
근경부패병

주의해야 할 해충
조명나방

꼭 기억하세요!
씨앗을 심을 때 되도록 간격 없이 촘촘히 심고, 흙을 3cm 두께로 덮는다. 흙이 마르면 물을 듬뿍 준다.

흙 준비하기

 1단계 토양 개량

시기
씨뿌리기 2~3주 전

흙 1L당 적옥토 40%, 퇴비 40%, 부엽토 10%, 왕겨숯 10%, 유기 석회비료 6g을 잘 섞는다.

 **2단계** 밑거름 주기

시기
씨뿌리기 1~2주 전

토양 개량 작업이 끝나면 흙에 영양을 주기 위해 밑거름을 준다. 깻묵, 발효계분을 잘 섞어서 준비한다.

배합(흙 1L 기준)
깻묵 ················ 40~50g
발효계분 ············ 80~100g

키우는 방법

씨앗 준비하기
씨생강을 준비한다. 크기가 크면 싹이 2~3개 붙은 정도씩 잘라서 나눈다.

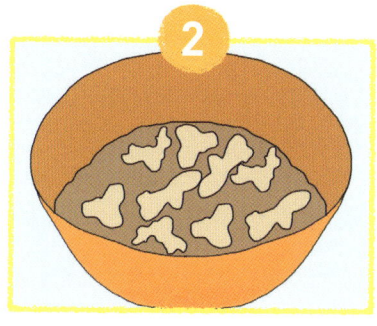

옮겨심기
씨생강의 싹이 위로 향하게 하여 생강과 생강 사이에 간격을 두지 말고 촘촘히 심는다. 흙을 3cm 두께로 덮고 가볍게 손으로 누른 뒤 물을 듬뿍 준다.

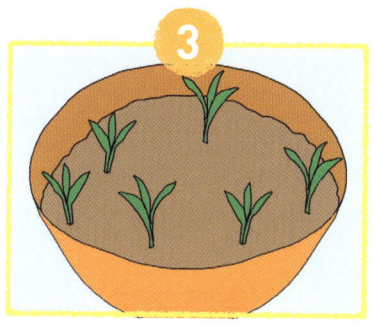

발아
옮겨 심고 20일 정도 지나면 발아한다. 이 기간에도 겉흙이 마르면 물을 듬뿍 준다.

웃거름 주기(1회)
싹이 나오면 2주에 한 번 발효비료 100g을 전체적으로 솔솔 뿌린다.

수확 시작하기
잎이 3~4장 나면 몽당연필만한 생강을 수확할 수 있다. 흙을 손으로 누르면서 줄기의 밑동을 잡고 뽑아낸다.

잎생강 수확하기
잎이 5~6장 나면 잎생강을 수확할 수 있다. 잎생강은 생강이 작을 때 잎째 수확한 것으로, 장아찌를 담그면 맛있다.

웃거름 주기(2회)
수확 후에는 웃거름을 가볍게 주고 포기의 뿌리가 드러나지 않도록 흙을 2cm 정도 덮는다.

뿌리생강 수확하기
10월 하순까지 키우면 다 자란 뿌리생강을 수확할 수 있다. 서리가 내리기 전에 모두 뽑아낸다.

POINT
잎이 3~4장이 되면 순차적으로 수확한다. 수확한 생강은 줄기를 자르고 물로 씻어 말린 뒤, 신문지나 종이로 싸서 서늘하고 그늘진 곳에 보관한다.

 화분 재배 Q & A

태풍·강풍 대처법

 태풍이나 강풍이 불 때는 어떻게 하면 좋을까요?
대처 방법을 알려주세요.

 베란다나 옥상은 태풍이나 강풍의 피해를 받기 쉬운 곳입니다.
악천후에 대처하는 방법을 소개합니다.

바닥에 내려놓는다

바람에 날아가거나 밑으로 떨어질 수 있는 것들은 모두 바닥에 내려놓는 게 좋습니다. 걸이용 화분도 바닥에 내려놓으세요.

하나로 모은다

작은 화분은 화분끼리 묶거나 한곳에 모아서 강풍에 날아가지 않게 합니다. 지지대가 세워져 있을 경우에는 지지대를 빼고 줄기끼리 가볍게 묶어놓도록 하세요.

실내로 옮긴다

잠시라도 화분을 실내로 옮겨놓으세요. 애써 키웠는데 열매가 떨어지거나 줄기가 부러진다면 안타까운 일이죠. 옮길 수 있다는 것이 화분의 장점입니다.

PART 5
허브

허브는 향기가 좋아 요리나 차로 즐기는 것은 물론 포푸리, 입욕제 등 쓰임새도 많다. 종류도 많고 잘 자라 누구나 쉽게 키울 수 있는 허브. 작은 화분 하나로 창가가 향기로워진다.

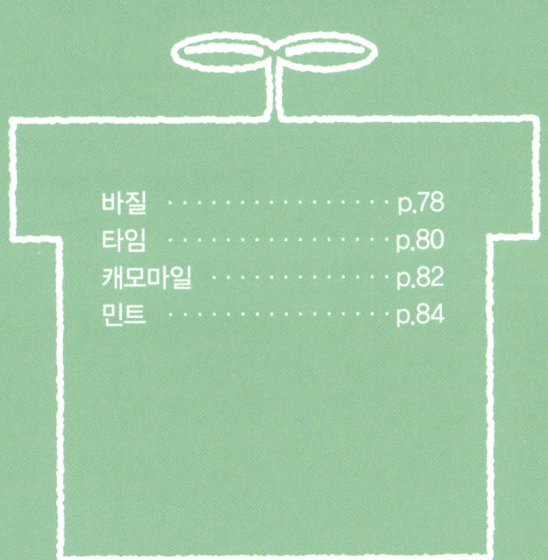

바질 ················ p.78
타임 ················ p.80
캐모마일 ············ p.82
민트 ················ p.84

이탈리아 요리에 빼놓을 수 없는 허브
바질

신선한 향이 토마토 요리와 잘 어울려 이탈리아 요리에 빠지지 않는다. 카로틴, 칼륨 등이 풍부하며, 독특한 향이 식욕을 돋우고 소화를 촉진한다. 키우기 쉬워 초보자에게 적합하다.

재배 정보

| 과명 | 꿀풀과 | 재배 적정 온도 | 20~25℃ |

| 1 | 2 | 3 | 4 | 5 | 6 | 7 | 8 | 9 | 10 | 11 | 12 |

■ 씨뿌리기 4월 중순~7월 하순
■ 수확 6월 중순~10월 중순

재배 장소
햇빛이 잘 들고 통풍이 잘되는 곳에서 키운다.

물주기
겉흙이 마르면 물을 듬뿍 준다. 물이 부족하지 않도록 주의한다.

화분
중형

주의해야 할 질병
바이러스

주의해야 할 해충
진딧물

꼭 기억하세요!
원가지 길이가 30cm 정도 되면 수확할 수 있다. 잎을 그대로 사용하기도 하고, 다져서 소스를 만들어 다양한 요리에 이용한다.

흙 준비하기

1단계 토양 개량

시기: 씨뿌리기 2~3주 전

흙 1L당 적옥토 40%, 퇴비 40%, 부엽토 10%, 왕겨숯 10%, 유기 석회비료 6g을 잘 섞는다.

2단계 밑거름 주기

시기: 씨뿌리기 1~2주 전

토양 개량 작업이 끝나면 흙에 영양을 주기 위해 밑거름을 준다. 깻묵, 발효계분을 잘 섞어서 준비한다.

배합(흙 1L 기준)
깻묵 ················· 40~50g
발효계분 ············ 80~100g

키우는 방법

씨뿌리기
깊이 0.5cm 정도의 도랑을 한 줄 만들고, 1cm 간격으로 씨를 뿌린다.

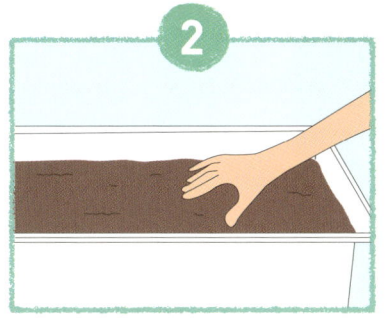

흙 덮고 물주기
바질은 빛을 좋아하므로 씨앗에 햇빛이 들 수 있도록 흙을 얇게 덮는다. 씨를 뿌린 뒤에는 물을 준다.

솎아내기(1회)
발아하면 포기 간격이 3cm 정도 되도록 솎아내기를 한다. 간격을 충분히 둔다.

솎아내기(2회)
본잎이 2장 나오면 싹과 싹의 간격이 6cm 정도 되도록 솎아내기를 한다.

POINT

웃거름 주기(1회)
솎아내기를 한 뒤 발효비료 100g을 전체적으로 뿌린다. 가볍게 북주기를 하고 물을 준다.

솎아내기를 2번 한 뒤에 웃거름을 준다. 2주에 한 번이 적당하며, 웃거름을 준 뒤에는 북주기와 물주기도 잊지 말자.

솎아내기(3회)
두 번째 솎아내기를 하고 2주 뒤에 간격이 20cm 정도 되도록 세 번째 솎아내기를 한다.

웃거름 주기(2회)
세 번째 솎아내기를 한 뒤 같은 순서로 웃거름 주기, 북주기, 물주기를 한다. 겉흙이 마르기 시작하면 반드시 물을 준다.

수확하기
원가지 길이가 30cm 정도 되면 부드럽고 연한 잎을 수확한다. 부지런히 수확하고, 가지치기를 하면 잎이 무성해진다.

고기와 생선 냄새를 없애주는 허브
타임

지중해 연안이 원산지로, 분홍색의 작고 귀여운 꽃이 핀다. 서양에서는 고기와 생선 요리의 잡냄새를 없애기 위해 타임을 사용한다. 언제든지 심을 수 있는 모종으로 키우는 방법을 소개한다.

재배 정보

| 과명 | 꿀풀과 | 재배 적정 온도 | 15~20℃ |

1 2 3 4 5 6 7 8 9 10 11 12

■ 옮겨심기 — 1년 내내
■ 수확 — 1년 내내

재배 장소
햇빛이 잘 들고 통풍이 잘되는 곳에서 키운다.

물주기
겉흙이 마르면 물을 듬뿍 준다.

화분
소형, 중형

주의해야 할 질병
없음

주의해야 할 해충
진딧물

꼭 기억하세요!
언제든지 필요한 만큼 수확할 수 있다. 여름에는 가지가 자라면 통풍이 잘되도록 잘라준다.

흙 준비하기

1단계 토양 개량

시기: 씨뿌리기 2~3주 전

흙 1L당 적옥토 40%, 퇴비 40%, 부엽토 10%, 왕겨숯 10%, 유기 석회비료 6g을 잘 섞는다.

2단계 밑거름 주기

시기: 씨뿌리기 1~2주 전

토양 개량 작업이 끝나면 흙에 영양을 주기 위해 밑거름을 준다. 깻묵, 발효계분을 잘 섞어서 준비한다.

배합(흙 1L 기준)
깻묵 ············ 40~50g
발효계분 ········ 80~100g

키우는 방법

모종 준비하기
직립성과 포복성 품종이 있다. 키울 때 자리를 차지하지 않는 직립성 품종을 추천한다.

옮겨심기
화분에 심는다. 모종의 간격을 20cm 두어 2포기를 심는다.

흙덮기
흙을 덮고 모종 주변을 가볍게 누른다. 통풍이 잘되는 곳에 둔다.

물주기
물을 화분 밑으로 흘러나올 정도로 듬뿍 준다.

POINT

수확하기(1회)
길이가 20cm 정도 자라면 끝부분을 5cm 정도 가위로 잘라 수확한다.

1년 내내 언제든지 수확할 수 있지만, 너무 많이 자르지 않도록 주의한다. 남겨 놓은 싹과의 균형을 고려해서 수확해야 오랫동안 즐길 수 있다.

웃거름 주기
수확하고 나서 발효비료 100g을 전체적으로 뿌린다. 비료가 모자라지 않도록 주의한다.

수확하기(2회)
가지가 지나치게 무성해지면 통풍이 되지 않아 잘 자라지 않으므로 정기적으로 수확한다. 고온다습해도 생육이 어렵다.

알아두세요 재배상식

허브는 말려서 둘 수 있다. 통풍이 잘되는 그늘에서 말리는 자연건조법 외에 건조기나 전자레인지 등으로 말리는 방법이 있다.

달콤하고 산뜻한 향기
캐모마일

차나 포푸리로 친숙한 캐모마일은 마거리트와 비슷한 흰색 꽃이 피는 허브다. 꽃이 피면 꽃을 따서 쓸 수 있고, 말려 두었다가 다양하게 활용할 수도 있다.

재배 정보

- 과명: 국화과
- 재배 적정 온도: 15~20℃

| 1 | 2 | 3 | 4 | 5 | 6 | 7 | 8 | 9 | 10 | 11 | 12 |

- 옮겨심기: 9월 초순~10월 하순
- 수확: 4월 중순~7월 하순

재배 장소
햇빛이 잘 들고 통풍이 잘되는 곳에서 키운다.

물주기
겉흙이 마르면 물을 듬뿍 준다.

화분
소형, 중형

주의해야 할 질병
없음

주의해야 할 해충
진딧물

꼭 기억하세요!
꽃이 피면 바로 수확한다. 부지런히 수확하고 웃거름을 주는 것이 수확량을 늘리는 방법이다.

흙 준비하기

 1단계 토양 개량

시기
씨뿌리기 2~3주 전

흙 1L당 적옥토 40%, 퇴비 40%, 부엽토 10%, 왕겨숯 10%, 유기 석회비료 6g을 잘 섞는다.

 2단계 밑거름 주기

시기
옮겨심기 1~2주 전

토양 개량 작업이 끝나면 흙에 영양을 주기 위해 밑거름을 준다. 깻묵, 발효계분을 잘 섞어서 준비한다.

배합(흙 1L 기준)
- 깻묵 ············ 40~50g
- 발효계분 ········ 80~100g

82

키우는 방법

1. 모종 준비하기
봄이나 가을에 옮겨심기를 한다. 잎의 색이 선명하고 건강한 모종을 고른다.

2. 옮겨심기
화분에 20cm 정도 간격으로 구멍을 파고 모종을 심는다.

3. 흙덮기
흙을 덮고 손으로 가볍게 누른다.

4. 웃거름 주기
한 달에 한 번 발효비료 100g을 포기 주변에 뿌리고, 가볍게 북주기를 한다.

5. 수확하기(1회)
꽃이 피기 시작하면 부지런히 꽃을 딴다. 피기 시작한 꽃은 꽃잎이 평평하다.

POINT

6. 수확하기(2회)
꽃 중심의 노란 부분이 차츰 부풀어 오르고 흰 꽃잎이 아래로 내려간다. 수확이 늦어지면 개화 시기가 짧아진다.

수확량을 늘리려면 부지런히 꽃을 따야 한다. 꽃을 말려서 두면 차는 물론 입욕제나 포푸리로 사용할 수 있다.

7. 가지치기
많이 자란 가지는 뿌리 부분에서 잘라낸다. 포기의 부담이 줄어들고 통풍이 원활해진다.

알아두세요 재배상식

캐모마일의 달콤한 향은 기분을 상쾌하게 하는 효과가 있다. 수확한 꽃은 신선할 때 이용한다. 꽃을 그늘에서 말려 밀폐용기에 담아두면 오랫동안 쓸 수 있다.

상쾌한 청량감이 매력
민트

민트의 독특한 향은 박하 계통의 방향 성분 때문이다. 상큼한 청량감이 있어 차나 디저트 등 다양한 요리에 쓰인다. 다년생 식물이어서 포기나누기나 꺾꽂이로 수확량을 늘릴 수 있다.

재배 정보

과명 꿀풀과　　**재배 적정 온도** 15~20℃

| 1 | 2 | 3 | 4 | 5 | 6 | 7 | 8 | 9 | 10 | 11 | 12 |

옮겨심기
4월 초순~6월 하순
9월 초순~10월 하순

수확
첫해 : 6월 초순~10월 하순
이듬해부터 : 5월 초순~10월 하순

재배 장소
어느 곳에 두어도 잘 자란다.

물주기
겉흙이 마르면 물을 듬뿍 준다. 물이 부족하지 않도록 주의한다.

화분
소형, 중형

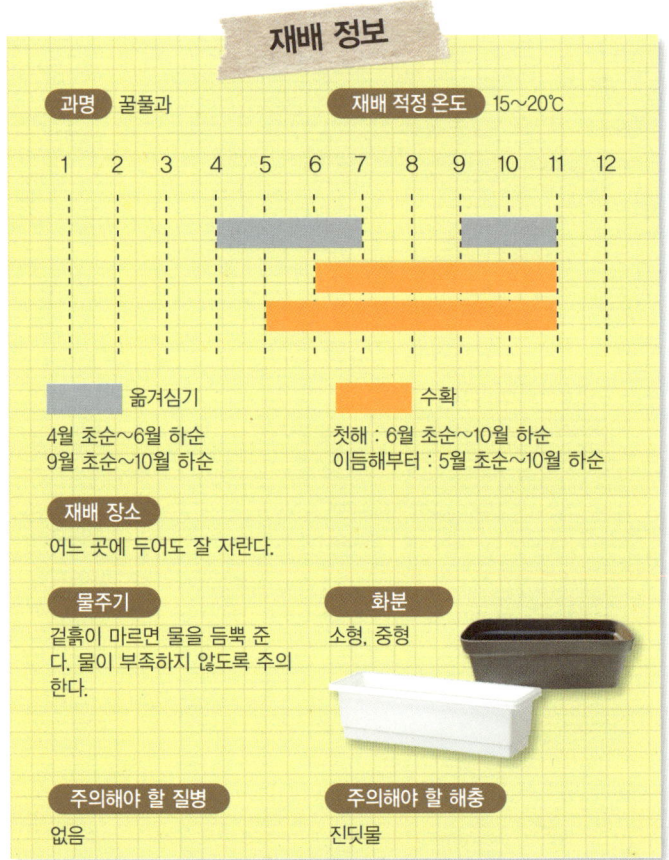

주의해야 할 질병
없음

주의해야 할 해충
진딧물

꼭 기억하세요!
무성하게 잎이 자랐다면 한 잎 두 잎 따서 통풍이 잘되게 해야 한다. 수시로 수확할 수 있다.

흙 준비하기

1단계　토양 개량

시기
옮겨심기 2~3주 전

흙 1L당 적옥토 40%, 퇴비 40%, 부엽토 10%, 왕겨숯 10%, 유기 석회비료 6g을 잘 섞는다.

2단계　밑거름 주기

시기
옮겨심기 1~2주 전

토양 개량 작업이 끝나면 흙에 영양을 주기 위해 밑거름을 준다. 깻묵, 발효계분을 잘 섞어서 준비한다.

배합(흙 1L 기준)
깻묵 ············ 40~50g
발효계분 ········ 80~100g

키우는 방법

옮겨심기
깊이 10cm의 구멍을 파고 모종을 심는다. 큰 화분에 몇 포기를 함께 심는다면 포기 간격을 30cm 정도로 한다.

흙덮기
흙을 덮고 모종 주변의 흙을 가볍게 누른다. 흙이 마르지 않도록 물을 듬뿍 준다.

웃거름 주기
모종이 자라기 시작하면 2주에 한 번 발효비료 100g을 전체적으로 넣고 가볍게 북주기를 한다.

수확하기
길이가 20cm 정도 되면 줄기를 가로로 잘라 수확한다. 부지런히 수확하고 새순을 늘려 수확량을 늘린다.

개화
꽃이 다 피고 나면 잎이 딱딱해지므로 개화 직전에 수확한다.

꽃 자르기
잎만 이용하거나 오랫동안 수확하려면 꽃을 자른다. 이렇게 하면 곁순이 뻗어 잎이 생겨난다.

POINT

가지치기
줄기와 잎은 금세 자라기 때문에 부지런히 잘라내어 정리한다.

무성하게 자란 줄기와 잎을 그 상태로 놔두면 안이 습해져 잘 자라지 않는다. 부지런히 가지치기를 해서 통풍이 잘되게 한다.

알아두세요 재배상식

민트는 성장이 매우 빨라서 작은 화분에 키우면 금세 화분이 뿌리로 가득 차게 된다. 이런 상태로 그대로 두면 썩어버리므로 큰 화분으로 빨리 옮겨 심는다.

허브 즐기기

허브는 인테리어 효과가 있을 뿐 아니라 키우기 쉽고 쓰임새도 다양하다.
차를 우려 마셔도 좋고, 포푸리나 입욕제를 만들어 향을 즐겨도 좋다.
꺾꽂이를 하거나 씨앗을 받아서 수확량을 늘리는 방법과 허브 활용법을 소개한다.

민트 꺾꽂이하기

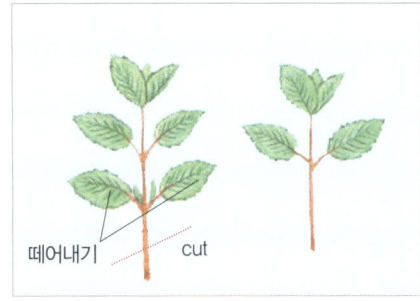

잘라낸 가지의 아래 잎을 떼어낸다. 가지를 조금 비스듬히 잘라도 된다.

화분에 버미큘라이트를 넣고 민트 가지 3개를 꽂는다. 그런 다음 민트 키우는 방법(p.84 참고)과 같은 순서로 키운다.

씨앗 받기

꽃이 다 피고 꽃 색깔이 갈색이 되면 이삭 부분을 손으로 훑는다. 그런 다음 열매 부분을 손으로 주물러서 열매 속 씨앗을 꺼낸다.

체에 내려서 찌꺼기를 거른다. 씨앗은 통풍이 잘되는 종이봉투에 담아 충분히 말려서 사용한다. 씨앗의 보존 기간은 1년 정도다.

허브 이용법

🌱 허브티

티 포트에 허브를 넣고 뜨거운 물을 붓는다. 큰 허브 잎은 잘게 잘라 넣는다. 뜨거운 물을 붓고 조금 뜸을 들이는 것이 포인트다.

🌱 포푸리·입욕제

말린 허브를 비닐 주머니에 넣고 좋아하는 향의 에센셜 오일을 떨어뜨려 잘 섞는다. 하루에 한 번씩 섞으면서 2주 정도 숙성시킨다.

질병 예방하기

채소를 애써 재배했는데 질병으로 죽게 할 수는 없다. 증상이 나타나면 바로 대처하고 병에 걸리지 않는 환경을 만든다. 평소 통풍이 되고 햇볕이 잘 드는지 확인하고, 물이나 비료를 줄 때도 주의를 기울인다.

걸리기 쉬운 질병

주요 질병

채소가 병에 걸리는 원인은 곰팡이, 세균, 바이러스, 파이토플라스마 4종류로 나눌 수 있다. 이들은 해충을 끌어들일 뿐만 아니라 공기나 물, 흙이나 모종을 통해 질병을 전염시킨다. 평소 환경 관리에 신경 쓰고, 조기발견으로 피해를 줄인다.

흰가루병

증상 흰색 가루가 뿌려진 것처럼 곰팡이가 생긴다.
대책 곰팡이가 생긴 부분을 잘라내고, 질소 비료를 줄인다.
조심할 채소 가지, 오이 등

모자이크병

증상 잎에 모자이크 모양이 생기거나 포기가 전체적으로 쪼그라든다.
대책 증상이 있는 부분을 잘라내고, 바이러스 매개가 된 진딧물을 없앤다.
조심할 채소 풋콩, 방울토마토 등

백견병

증상 뿌리 밑동에 흰색 비단실 같은 것이 엉켜서 들러붙어 있다.
대책 병이 생긴 포기를 뽑아내고, 통풍이 잘되게 한다.
조심할 채소 피망, 방울토마토 등

노균병

증상 잎에 다각형의 노란색 반점이 생긴다.
대책 증상이 있는 부분을 잘라내고, 비료가 부족하거나 지나치게 열매를 맺지 않도록 주의한다.
조심할 채소 오이, 시금치 등

질병 예방 포인트

사전에 예방한다
병에 강한 품종으로, 건강하고 튼튼한 씨앗과 모종을 고른다.

흙 만들기가 중요하다
채소는 땅속의 영양분을 흡수한다. 깨끗하고 배수가 잘되는 흙에서 키운다.

주변 환경에 주의한다
햇볕이 잘 들고 통풍이 잘되는 환경에서 키운다. 물이나 비료를 줄 때는 너무 많이 주지 않도록 주의한다.

질병의 원인 4가지

곰팡이 _ 균사를 키워서 식물체 안으로 침입한다. 포자보다 번식력이 좋다.
세균 _ 하나하나의 세포가 식물의 기공이나 생채기, 뿌리로 침입한다.
바이러스 _ 기생하면 순식간에 증식될 우려가 있다.
파이토플라스마 _ 세균보다 크기가 작고 독립해서 생존할 가능성이 있다.

질병	채소	증상	대책
흰녹병	청경채 등	잎의 뒷면에 흰색 반점이 생긴다.	발병한 부분을 잘라내고, 배수가 잘되게 한다.
균핵병	상추 등	잎에 갈색 반점이 생기고 시든다.	발병한 부분을 잘라낸다. 연작하지 않는다.
무름병	무 등	뿌리, 잎, 줄기가 썩고 악취가 난다.	발병한 부분을 잘라내고, 배수와 통풍이 잘되게 한다.
녹병	파, 부추 등	곰팡이가 생기고 썩는다.	발병한 부분을 잘라내어 태워버린다.
역병	피망 등	반점이 생긴다.	발병한 부분을 잘라내고, 통풍이 잘되게 한다.
바이러스병	강낭콩 등	잎이 쪼그라들고 잘 자라지 않는다.	발병한 포기를 뽑아내고, 진딧물을 없앤다.
회색곰팡이병	딸기 등	잎과 줄기가 녹듯이 썩는다.	배수와 통풍이 잘되게 한다.
더뎅이병	감자 등	열매 부분에 흰 가루가 생긴다.	발병하면 치료하기 어렵다.
근경부패병	생강 등	흙 위로 보이기 시작하는 잎에 반점이 생기고 썩는다.	발병한 부분을 잘라낸다. 물을 많이 주지 않는다.
탄저병	강낭콩 등	잎에 갈색 반점이 생긴다.	발병한 부분을 잘라낸다. 한랭사를 씌워 예방한다.
흑반병	우엉 등	검은색 반점이 생기고 커진다.	장마 때 주의한다. 비료가 부족하지 않게 한다.

해충 관리하기

채소를 키우다 보면 아무리 관리를 해도 해충이 생긴다. 채소의 품질을 높이고 수확량을 늘리려면 해충을 막아야 한다. 해충이 발견되면 바로 없애고 다른 식물을 이용하는 등 다양한 방법으로 관리한다.

생기기 쉬운 해충

주요 해충

해충은 고온다습한 기후를 좋아하기 때문에 봄부터 여름에 걸쳐 생긴다. 조기에 발견해 퇴치할 수 있도록 해충의 종류와 대처법을 알아둔다. 피해를 최소한으로 줄이려면 천연농약을 쓰거나 방충망을 씌우는 등 사전 예방책도 중요하다.

진딧물

증상 새싹이나 잎의 뒷면에 붙어 모여 산다. 번식력이 왕성하다.
대책 피해 입은 잎을 잘라낸다. 진딧물은 접착테이프로 잡는다.
조심할 채소 가지, 딸기 등

배추벌레

증상 배추흰나비의 유충으로 잎을 갉아먹는다.
대책 잎 뒷면에 알이 있는지 살펴봤다가 발견하는 대로 없앤다.
조심할 채소 잎채소

응애

증상 잎에 가늘게 긁힌 자국이 무수히 생긴다.
대책 증상이 있는 잎을 잘라내고 물로 헹군다.
조심할 채소 가지, 피망 등

노린재

증상 열매가 맺히기 시작할 때 꼬투리를 갉아먹는다. 장마 때 많이 생긴다.
대책 열매가 맺히기 시작할 때 천연농약을 뿌린다. 발견하면 즉시 잡는다.
조심할 채소 풋콩, 강낭콩 등

해충 관리 포인트

피해를 최소한으로 줄인다
해충이 갉아먹은 잎은 바로 잘라낸다. 이렇게 하면 피해를 최소한으로 줄일 수 있다.

허브와 함께 키운다
해충의 피해를 막아주는 공영식물을 키운다. 라벤더나 로즈메리처럼 방충효과가 큰 허브를 함께 키우면 벌레가 붙지 않는다.

기온에 주의한다
벌레가 많아지는 여름에는 온도와 습도 관리에 신경 쓴다.

방충망 등으로 보호한다
어린 모종이나 잎채소를 재배할 때는 한랭사나 부직포를 덮어준다. 해충 방지에 효과가 있다.

궁합 맞는 공영식물 키우기
서로 궁합이 잘 맞는 식물을 공영식물이라고 한다. 해충의 피해를 막아주고, 서로에게 좋은 영향을 주며 건강하게 자라도록 돕는다.

- **해충을 방지하는 효과**
  - 토마토 × 차조기
  - 오이 × 차조기
  - 청경채 × 토마토
  - 캐모마일 × 소송채

- **맛 또는 성장을 높이는 효과**
  - 토마토 × 부추 : 맛이 좋아진다.
  - 토마토 × 바질 : 잘 자라고 맛이 좋아진다.
  - 피망 × 차조기 : 잘 자란다.
  - 부추 × 차조기 : 해충이 없고 잘 자란다.

해충	채소	증상	대책
산호랑나비	당근 등	식욕이 왕성하며 잎과 줄기를 전부 먹어치운다.	발견하는 대로 없앤다.
배추좀나방	청경채 등	잎의 뒷면을 갉아먹는다.	발견하는 대로 없애고, 방충망으로 예방한다.
배추벼룩잎벌레	무 등	유충은 뿌리를 갉아먹고, 성충은 잎을 갉아먹는다.	방충망으로 예방한다.
이십팔점박이무당벌레	감자 등	잎, 줄기, 열매의 끝부분을 갉아먹는다.	발견하는 대로 없앤다.
조명나방	생강 등	잎 속에 숨어서 잎을 망쳐놓는다.	방충망으로 예방한다. 피해를 입은 부분은 잘라낸다.
담배거세미나방	시금치 등	유충일 때 집단으로 잎을 갉아먹는다.	포기 주변의 흙을 캐서 찾아 없앤다.
야도충	양상추 등	낮에는 흙 속에 숨어 있다가 밤에 활동한다.	밤 동안 활동하는 것을 없앤다.
총채벌레	부추 등	잎의 뒷면을 갉아먹는다.	방충망으로 예방한다.
굴파리	쑥갓 등	잎 속에 숨어 잎을 파먹는다.	포기 주변을 깨끗하게 한다.
넓적다리잎벌레	오이 등	유충은 뿌리를 갉아먹고, 성충은 잎을 갉아먹는다.	발견하는 대로 없애고, 방충망으로 예방한다.
콩나방	풋콩 등	열매를 갉아먹고 번식한다.	발견하는 대로 없애고, 방충망으로 예방한다.

천연농약 만들기

주변에 있는 식품이나 식물로 채소와 환경에 좋은 천연농약을 직접 만들어보자.
단, 화학농약과는 달리 즉효성과 지속성이 없기 때문에 꾸준하게 돌봐야 한다.

🌱 식초소주액

식초와 소주를 섞어서 만든다. 식초의 병·해충 제거 효과와 소주의 살균·소독 효과를 함께 얻을 수 있다. 특히 진딧물 제거에 효과적이다.

재료
소주(알코올 25% 이상)······2.7L
식초······150mL
고추······20g
마늘······2개
흑설탕······1줌

만드는 법
1 고추는 가위로 잘게 자르고, 마늘은 껍질을 벗긴다.
2 고추와 마늘을 면주머니에 담아 소주에 넣는다.
3 ②에 식초와 흑설탕도 넣어 2개월 동안 둔다.

사용법
식초소주액과 같은 양의 목초액을 150배 희석한 뒤 식초소주액과 섞는다. 분무기에 넣어 열매나 잎의 뒷면에 뿌린다. 천연농약이기 때문에 약효는 1주일 정도 지속된다.

🌱 고추마늘액

모자이크병에 효과가 있는 고추와 강한 냄새로 해충을 막는 마늘을 섞어서 만든다. 응애나 배추벌레를 없앨 때도 효과가 있다.

재료
고추······20g
마늘······2개
가루비누(또는 으깬 비누)······1줌
물······1L

만드는 법
1 마늘을 껍질을 벗기고 간다.
2 냄비에 물을 붓고 고추와 간 마늘을 넣어 3분간 끓인다.
3 충분히 식힌 뒤 거즈에 거른다.
4 ③에 가루비누를 넣고 잘 섞는다.

사용법
분무기에 만들어 놓은 고추마늘액을 넣어 열매나 잎의 뒷면에 뿌린다. 천연농약이기 때문에 약효는 1주일 정도 지속된다. 마늘의 독특한 냄새가 해충을 물리친다.

🌱 병충해를 막는 식품

주변에 있는 식품으로 병과 해충을 예방할 수 있다. 천연농약을 쓰면 안심하고 먹을 수 있을 뿐만 아니라 환경에도 해롭지 않다.

우유
진딧물을 없애는 데 효과적이다. 맑은 날 오전에 희석하지 않은 우유를 분무기에 담아 잎의 뒷면에 뿌린다. 뿌린 뒤에는 막이 남지 않도록 잘 씻어낸다.

맥주
민달팽이를 없애는 데 효과적이다. 민달팽이가 나올 만한 곳에 맥주를 담은 작은 접시를 놓아두면 민달팽이를 유인할 수 있다.

식초
20~50배 희석해서 뿌린다. 양상추 등의 큰 채소는 진하게, 청경채처럼 작은 채소에는 연하게 뿌린다. 일주일에 한 번 정도 뿌리면 건강하게 키울 수 있다.

커피
흰가루병곰팡이나 응애를 퇴치할 수 있다. 진한 커피를 쓰는 것이 효과적이다. 설탕이 들어있는 것도 괜찮다.

달걀껍질
달걀껍질을 깨뜨려 흙 위에 놓으면 흙 속에서 뿌리를 갉아먹는 해충들을 쫓아낼 수 있다.

🌱 병충해를 막는 식물

식물들도 각각의 특징을 잘 살리면 훌륭한 천연농약이 될 수 있다. 만들기도 손쉬워 집에서 활용하기 좋다.

고추
붉은 고추, 풋고추 모두 해충을 없애는 데 효과적이다. 고추 1줌을 햇볕에 말린 뒤 병에 넣고 뜨거운 물을 붓는다. 하루 정도 두었다가 쓴다. 모자이크병에도 효과가 있다.

마늘
노균병, 녹병, 해충 제거에 효과적이다. 마늘 1개를 갈아 물 1L에 넣고 섞어 거즈에 거른다. 그 물을 5배 희석해서 분무기에 넣어 뿌린다.

쇠뜨기
흰가루병에 효과적이다. 말린 쇠뜨기 6g을 물 1L에 넣고 끓여 식힌다. 여기에 가루비누 5g을 넣어 녹인 뒤 거즈에 걸러서 분무기에 넣어 뿌린다.

삼백초
생삼백초를 포기 주변에 깔아두면 뿌리를 갉아먹는 벌레나 풍뎅이 등이 삼백초의 강한 냄새 때문에 도망간다.

비파나무 잎
연부병이나 무름병 예방에 효과적이다. 소주 1.8L에 비파나무 잎을 10장 정도 넣어 1개월 동안 둔다. 그 물을 3배 희석해서 쓴다.

• 리스컴이 펴낸 책들 •

그대로 따라 하면 엄마가 해주시던 바로 그 맛
한복선의 엄마의 밥상

일상 반찬, 찌개와 국, 별미 요리, 한 그릇 요리, 김치 등 웬만한 요리 레시피는 다 들어있어 기본 요리 실력 다지기부터 매일 밥상 차리기까지 이 책 한 권이면 충분하다. 누구든지 그대로 따라 하기만 하면 엄마가 해주시던 바로 그 맛을 낼 수 있다.

한복선 지음 | 312쪽 | 188×245mm | 16,800원

내 몸이 가벼워지는 시간
샐러드에 반하다

한 끼 샐러드, 도시락 샐러드, 저칼로리 샐러드, 곁들이 샐러드 등 쉽고 맛있는 샐러드 레시피 64가지를 소개한다. 각 샐러드의 전체 칼로리와 드레싱 칼로리를 함께 알려줘 다이어트에도 도움이 된다. 다양한 맛의 45가지 드레싱 등 알찬 정보도 담았다.

장연정 지음 | 184쪽 | 210×256mm | 16,000원

건강을 담은 한 그릇
맛있다, 죽

맛있고 먹기 좋은 죽을 아침 죽, 영양죽, 다이어트 죽, 양죽으로 나눠 소개한다. 만들기 쉬울 뿐 아니라 조류가 다양하고 재료의 영양과 효능까지 알려줘 건강관리에 도움이 된다. 스트레스에 시달리는 현대인의 식사로, 건강식으로 준비하면 좋다.

한복선 지음 | 176쪽 | 188×245mm | 16,000원

먹을수록 건강해진다!
나물로 차리는 건강밥상

생나물, 무침나물, 볶음나물 등 나물 레시피 107가지를 소개한다. 기본 나물부터 토속 나물까지 다양한 나물반찬과 비빔밥, 김밥, 파스타 등 나물로 만드는 별미 요리를 담았다. 메뉴마다 영양과 효능을 소개하고, 월별 제철 나물, 나물요리의 기본요령도 알려준다.

리스컴 편집부 | 160쪽 | 188×245mm | 12,000원

맛있는 밥을 간편하게 즐기고 싶다면
뚝딱 한 그릇, 밥

덮밥, 볶음밥, 비빔밥, 솥밥 등 별다른 반찬 없이도 맛있게 먹을 수 있는 한 그릇 밥 76가지를 소개한다. 한식부터 외국 음식까지 메뉴가 풍성해 혼밥으로 별식으로, 도시락으로 다양하게 즐길 수 있다. 레시피가 쉽고, 밥 짓기 등 기본 조리법과 알찬 정보도 가득하다.

장연정 지음 | 216쪽 | 188×245mm | 14,000원

맛과 영양을 담은 피클·장아찌·병조림 60가지
자연으로 차린 사계절 저장식

맛있고 건강한 홈메이드 저장식을 알려주는 레시피북. 기본 피클, 장아찌부터 아보카도장이나 낙지장 등 요즘 인기 있는 레시피까지 모두 수록했다. 제철 재료 캘린더, 조리 팁까지 꼼꼼하게 알려줘 요리 초보자도 실패 없이 맛있는 저장식을 만들 수 있다.

손성희 지음 | 176쪽 | 188×235mm | 14,000원

입맛 없을 때, 간단하고 맛있는 한 끼
뚝딱 한 그릇, 국수

비빔국수, 국물국수, 볶음국수 등 입맛 살리는 국수 63가지를 담았다. 김치비빔국수, 칼국수 등 누구나 좋아하는 우리 국수부터 파스타, 미고랭 등 색다른 외국 국수까지 메뉴가 다양하다. 국수 삶기, 국물 내기 등 기본 조리법과 함께 먹으면 맛있는 밑반찬도 알려준다.

장연정 지음 | 200쪽 | 188×245mm | 14,000원

천연 효모가 살아있는 건강 빵
천연발효빵

맛있고 몸에 좋은 천연발효빵. 홈 베이킹을 넘어 건강한 빵을 찾는 웰빙족을 위해 과일, 채소, 곡물 등으로 만드는 천연발효종 20가지와 천연발효종으로 굽는 건강빵 레시피 62가지를 담았다. 천연발효빵 만드는 과정이 한눈에 들어오도록 구성되었다.

고상진 지음 | 328쪽 | 188×245mm | 19,800원

후다닥 쌤의
후다닥 간편 요리

구독자 수 37만 명의 유튜브 '후다닥요리'의 인기 집밥 103가지를 소개한다. 국·찌개, 반찬, 김치, 한 그릇 밥·국수, 별미와 간식까지 메뉴가 다양하다. 저자가 애용하는 양념, 조리도구, 조리 비법을 알려주고, 모든 메뉴에 QR 코드를 수록해 동영상도 볼 수 있다.

김연정 지음 | 248쪽 | 188×245mm | 16,000원

정말 쉽고 맛있는 베이킹 레시피 54
나의 첫 베이킹 수업

기본 빵부터 쿠키, 케이크까지 초보자를 위한 베이킹 레시피 54가지. 바삭한 쿠키와 담백한 스콘, 다양한 머핀과 파운드케이크, 폼 나는 케이크와 타르트, 누구나 좋아하는 인기 빵까지 모두 담겨있다. 베이킹을 처음 시작하는 사람에게 안성맞춤이다.

고상진 지음 | 216쪽 | 188×245mm | 16,800원

영양학 전문가가 알려주는 저염·저칼륨 식사법
콩팥병을 이기는 매일 밥상

콩팥병은 한번 시작되면 점점 나빠지는 특징이 있어 무엇보다 식사 관리가 중요하다. 영양학 박사와 임상 영상사들이 저염식을 기본으로 단백질, 인, 칼륨 등을 줄인 콩팥병 맞춤 요리를 준비했다. 간편하고 맛도 좋아 환자와 가족 모두 걱정 없이 즐길 수 있다.

어메이징푸드 지음 | 248쪽 | 188×245mm | 18,000원

영양학 전문가의 맞춤 당뇨식
최고의 당뇨 밥상

영양학 전문가들이 상담을 통해 쌓은 데이터를 기반으로 당뇨 환자들이 가장 맛있게 먹으며 당뇨 관리에 성공한 메뉴를 추렸다. 한 상 차림부터 한 그릇 요리, 브런치, 샐러드와 당뇨 맞춤 음료, 도시락 등으로 구성해 매일 활용할 수 있으며, 조리법도 간단하다.

어메이징푸드 지음 | 256쪽 | 188×245mm | 16,000원

치료 효과 높이고 재발 막는 항암요리
암을 이기는 최고의 식사법

암 환자들의 치료 효과를 높이고 재발을 막는 데 도움이 되는 음식을 소개한다. 항암치료 시 나타나는 증상별 치료식과 치료를 마치고 건강을 관리하는 일상 관리식으로 나눠 담았다. 항암 식생활, 항암 식단에 대한 궁금증 등 암에 관한 정보도 꼼꼼하게 알려준다.

어메이징푸드 지음 | 280쪽 | 188×245mm | 18,000원

아침 5분, 저녁 10분
스트레칭이면 충분하다

몸은 튼튼하게 몸매는 탄력 있게 가꿀 수 있는 스트레칭 동작을 담은 책. 아침 5분, 저녁 10분이라도 꾸준히 스트레칭하면 하루하루가 몰라보게 달라질 것이다. 아침저녁 동작은 5분을 기본으로 구성하고 좀 더 체계적인 스트레치 동작을 위해 10분, 20분 과정도 소개했다.

박서희 지음 | 152쪽 | 188×245mm | 13,000원

통증 다스리고 체형 바로잡는
간단 속근육 운동

통증의 원인은 속근육에 있다. 한의사이자 헬스 트레이너가 통증을 근본부터 해결하는 속근육 운동법을 알려준다. 마사지로 풀고, 스트레칭으로 늘이고, 운동으로 힘을 키우는 3단계 운동법으로, 통증 완화는 물론 나이 들어서도 아프지 않고 지낼 수 있는 건강관리법이다.

이용현 지음 | 156쪽 | 182×235mm | 12,000원

뇌 건강에 좋은 꽃그림 그리기
사계절 꽃 컬러링북

꽃그림을 색칠하며 뇌 건강을 지키는 컬러링북. 컬러링은 인지 능력을 높이기 때문에 시니어들의 뇌 건강을 지키는 취미로 안성맞춤이다. 이 책은 색연필을 사용해 누구나 쉽고 재미있게 색칠할 수 있다. 꽃그림을 직접 그려 선물할 수 있는 포스트 카드도 담았다.

정은희 지음 | 96쪽 | 210×265mm | 13,000원

여행에 색을 입히다
꼭 가보고 싶은 유럽 컬러링북

아름다운 유럽의 풍경 28개를 색칠하는 컬러링북. 초보자도 다루기 쉬운 색연필을 사용해 누구나 멋진 작품을 완성할 수 있다. 꿈꿔왔던 여행을 상상하고 행복했던 추억을 떠올리며 색칠하다 보면 편안하고 따뜻한 힐링의 시간을 보낼 수 있다.

정은희 지음 | 72쪽 | 210×265mm | 13,000원

만들기 쉽고 예쁜
심플 원피스

직접 만들어 예쁘게 입는 나만의 원피스. 귀여운 체크무늬 원피스, 여성스러운 투 컬러 원피스, 편하고 실용적인 A라인 원피스, 우아한 박스 원피스 등 27가지 베이직 스타일 원피스를 담았다. 실물 크기 패턴도 함께 수록되어있어 초보자도 뚝딱 만들 수 있다.

부티크 지음 | 112쪽 | 210×256mm | 13,000원

내 체형에 맞춘 사계절 옷
세련되고 편안한 옷 만들기

가벼운 면 원피스부터 따뜻한 울 바지와 코트까지 품이 넉넉해 편하면서도 날씬해 보이는 24가지 옷을 소개한다. 모든 작품의 실물 크기 패턴을 수록하고 일러스트와 함께 자세히 설명해 누구나 쉽게 따라 할 수 있다. 유행을 타지 않아 언제 어디서나 즐겨 입을 수 있다.

후지츠카 미키 지음 | 118쪽 | 210×257mm | 14,000원

착한 성분, 예쁜 디자인
나만의 핸드메이드 천연비누

예쁘고 건강한 천연비누를 만들 수 있도록 돕는 레시피북. 천연비누부터 배스밤, 버블바, 배스 솔트까지 39가지 레시피를 한 권에 담았다. 재료부터 도구, 용어, 팁까지 비누 만드는 데 알아야 할 정보를 친절하게 설명해 그대로 따라 하면 누구나 쉽게 천연비누를 만들 수 있다.

오혜리 지음 | 248쪽 | 190×245mm | 18,000원

유익한 정보와 다양한 이벤트가 있는 리스컴
SNS 채널로 놀러오세요!

블로그
blog.naver.com/leescomm

인스타그램
instagram.com/leescom

유튜브
www.youtube.com/c/leescom

화분으로 시작해요
우리 집 미니 채소밭

지은이 | 후지타 사토시
옮긴이 | 안미현

편집 | 김연주 이희진 김민주
디자인 | 한송이
마케팅 | 장기봉 이진목 이현영

인쇄 | HEP

초판 인쇄 | 2023년 4월 25일
초판 발행 | 2023년 5월 2일

발행인 | 이진희
발행처 | 리스컴

주소 | 서울시 강남구 테헤란로64길 13, 풍림아이원레몬 오피스 1201호
전화번호 | 대표번호 02-540-5192
　　　　　 영업부 02-540-5193
　　　　　 편집부 02-544-5194
FAX | 02-540-5194
등록번호 | 제2-3348
홈페이지 | www.leescom.com

Boutique Mook No.937 PLANTER DE SODATERU YUUKI MUNOUYAKU YASAI
Copyright © 2011 BOUTIQUE-SHA, INC.
Supervised by Satoshi Fujita
All rights reserved.
Original Japanese edition published by BOUTIQUE-SHA, INC.
Korean translation rights © 2013 by LEESCOM.
Korean translation rights arranged with BOUTIQUE-SHA, INC.Tokyo
through EntersKorea Co., Ltd. Seoul, Korea

이 책의 한국어판 저작권은 (주)엔터스코리아를 통해 저작권자와 독점 계약한 리스컴에 있습니다.
저작권법에 의하여 한국 내에서 보호를 받는 저작물이므로 무단 전재와 복제를 금합니다.
이 책에 사용된 사진 중 일부는 저작권자와의 연락이 닿지 않아 사용 승인을 받지 못했습니다.
추후에라도 연락이 닿으면 즉시 처리하겠습니다.
잘못된 책은 바꾸어 드립니다.

ISBN 979-11-5616-298-8 (13590)
값 13,000원